马克思正年轻

以真理的精神追求真理

董振华 ◎ 著

北京联合出版公司
Beijing United Publishing Co.,Ltd.

图书在版编目（CIP）数据

马克思正年轻：以真理的精神追求真理 / 董振华著. -- 北京：北京联合出版公司, 2025.1
ISBN 978-7-5596-7624-5

Ⅰ.①马… Ⅱ.①董… Ⅲ.①马克思主义—发展—研究—中国 Ⅳ.①D61

中国国家版本馆 CIP 数据核字（2024）第 089449 号

马克思正年轻：以真理的精神追求真理

作　　者：董振华
出 品 人：赵红仕
责任编辑：李艳芬
版式设计：张　敏
责任编审：赵　娜

北京联合出版公司出版
（北京市西城区德外大街 83 号楼 9 层 100088）
北京华景时代文化传媒有限公司发行
北京文昌阁彩色印刷有限责任公司印刷　新华书店经销
字数 196 千字　　710 毫米 ×1000 毫米　1/16　16.5 印张
2025 年 1 月第 1 版　2025 年 1 月第 1 次印刷
ISBN 978-7-5596-7624-5
定价：49.80 元

版权所有，侵权必究
未经书面许可，不得以任何方式转载、复制、翻印本书部分或全部内容。
本书若有质量问题，请与本公司图书销售中心联系调换。电话：（010）83626929

马克思永远年轻，在真理之光中超越时空而精神不朽；

真理不是名词而是动词，不是知识而是智慧，不是僵死的而是鲜活的，不是回首过去而是面向未来；

信仰马克思就要以真理的精神追求真理，在知行合一中问道、诚信、笃行……

谨以此书献给追求真理、揭示真理和笃行真理的马克思主义信仰者们！

——题记

序

永远年轻的马克思

马克思主义诞生于19世纪,距今已经170多年过去了,有人疑问:马克思主义是不是过时了?我们不能根据一个理论提出的时间来判定它是否过时了,关键是要看这个理论发挥作用的时代背景是不是已经过去了,在人民的现实生活中是不是还活着,其主要精神是不是仍然具备真理的力量。毋庸置疑,马克思主义没有过时,马克思还年轻!正如萨特所说,马克思主义"仍然是我们时代的哲学:它是不可超越的,因为产生它的情势还没有被超越"[1]。在人类思想史上,从来没有一种思想理论能够像马克思主义那样,对人类产生如此广泛的影响,如此深刻地改变着世界。在马克思主义影响下,共产主义运动蓬勃发展,人民群众实现自身解放和全人类解放的革命性实践不断深入,极大推进了人类文明进程,也深刻地改变了中国的历史命运。正如德里达所指出的:"不能没有马克思,没有马克思,没有对马克思的记忆,没有马克思的遗产,也就没有

---

[1] [法]让-保罗·萨特:《辩证理性批判》(上),林骧华、徐和瑾、陈伟丰译,安徽文艺出版社1998年版,第28页。

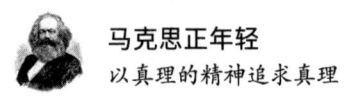

将来。"① 正是在马克思主义指导下,伟大的中国共产党团结带领全国各族人民,历经革命、建设和改革,使中国这个古老的东方大国创造了人类历史上前所未有的发展奇迹,近代以来久经磨难的中华民族迎来了从站起来、富起来到强起来的伟大飞跃。实践证明,马克思主义作为科学的理论、人民的理论、实践的理论和不断发展的开放的理论,具有真理的力量、道义的力量、实践的力量和创新的力量,从而具有生生不息、与时俱进的生命力,永葆生机与活力。

一、马克思主义深刻揭示了人类社会的发展规律,具有真理的力量

早在马克思主义诞生之前,几百年来关于人类解放的价值追求、关于理想社会的美好设想不断被表达,但最终都停留于空想而不能实现。正如马克思、恩格斯在《德意志意识形态》中所指出的:"尽管这种变革的观念已经表述过千百次,但这对于实际发展没有任何意义。"② 直到马克思、恩格斯在唯物辩证法逻辑的基础上,确立了唯物史观,揭示了人类社会发展的一般规律,揭示了资本主义运行的特殊规律,为人类指明了从必然王国向自由王国飞跃的途径,指明了实现自由和解放的现实道路。

马克思主义的科学性,根植于其科学的世界观和方法论,源于唯物辩证法批判性和革命性的理论品格。马克思、恩格斯根据唯物辩证法的基本逻辑,无可辩驳地论证了人类社会发展的客观规律性。按照唯物辩证法,正如资本主义取代封建主义一样,资本主义也必将为更高级的社会形态所取代,这是一种自然的历史过程和客观规律。马克思根据人类社

---

① [法]德里达:《马克思的幽灵》,何一译,中国人民大学出版社1999年版,第21页。
② 《马克思恩格斯选集》第一卷,人民出版社2012年版,第173页。

会发展规律，运用唯物辩证法的基本方法，科学分析了资本主义制度的生产方式、历史局限性和必然灭亡的命运。正如恩格斯在马克思墓前的讲话中所指出的，"正像达尔文发现有机界的发展规律一样，马克思发现了人类历史的发展规律，即历来为繁芜丛杂的意识形态所掩盖着的一个简单事实""不仅如此。马克思还发现了现代资本主义生产方式和它所产生的资产阶级社会的特殊的运动规律"①。正是在"两大发现"的基础上，马克思、恩格斯用铁的逻辑科学论证了"资产阶级的灭亡和无产阶级的胜利是同样不可避免的"②这一历史命运。

马克思主义诞生以来的历史，雄辩地证明了马克思主义的真理性。历史上，一些资产阶级学者曾经无数次宣布"马克思主义过时了""马克思主义死亡了"等，但每一次都被历史无情地嘲弄了。20世纪以来，特别是第二次世界大战结束以后，尽管世界发生了巨大变化，时代主题发生了重大转换，但马克思主义所揭示的资本主义必然灭亡、社会主义必然胜利的历史趋势没有变，所揭示的时代本质没有发生根本转变，马克思主义世界观、方法论及其基本原理没有过时。正如英国学者特里·伊格尔顿所认为的："只要资本主义还存在一天，马克思主义就必然存在；马克思主义只有在淘汰了它的对手之后，才会自我淘汰。"③

2008年国际金融危机爆发后，《资本论》在德国的销量是1990年的100倍，《资本论》的漫画在日本仅10天就售出了2.5万册。《共产党宣言》一书从出版至今已170多年，目前这本书在全球范围内已被翻译成200多种文字，出版了300多种版本，出版过1000次以上，成为全球公认的"使用最广的社会政治文献"。邓小平说得好："我坚信，世界上赞

---

① 《马克思恩格斯全集》第二十五卷，人民出版社2001年版，第594、597页。
② 马克思、恩格斯：《共产党宣言》，人民出版社2018年版，第40页。
③ ［英］特里·伊格尔顿：《马克思为什么是对的》，李杨、任文科、郑义译，重庆出版社2017年版，第3页。

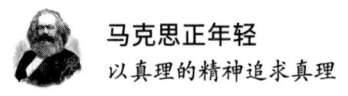

成马克思主义的人会多起来的,因为马克思主义是科学。"①

二、马克思主义牢牢立足于人类解放的价值追求,具有道义的力量

马克思主义之所以能被世界人民普遍认同和广泛传播,对世界历史进程产生如此巨大的影响,是因为它在基于真理性的价值性和基于科学性的实践性基础上,不断实现着造福人类的崇高价值追求,不仅具有真理的力量,还具有道义的力量。

马克思在《德法年鉴》上发表的《〈黑格尔法哲学批判〉导言》指出:"理论一经掌握群众,也会变成物质力量。理论只要说服人,就能掌握群众;而理论只要彻底,就能说服人。所谓彻底,就是抓住事物的根本。而人的根本就是人本身。"②马克思主义整个理论和实践的主题就是大写的"人",即人类解放。但实现人类解放,仅仅靠理论的批判是不可能完成的,"物质力量只能用物质力量来摧毁"③,被科学理论武装起来的人民群众及其社会实践就是解决现实问题的物质力量。正如马克思在《〈黑格尔法哲学批判〉导言》中所指出的:"哲学把无产阶级当做自己的物质武器,同样,无产阶级也把哲学当做自己的精神武器;思想的闪电一旦彻底击中这块素朴的人民园地,德国人就会解放成为人。""这个解放的头脑是哲学,它的心脏是无产阶级。"④为此,必须用抓住事物根本的彻底的理论说服人,这样才能凝聚起改造世界的强大力量,实现人类解放这一价值主题。

马克思主义是基于人类解放而确立的,是通过最彻底的理论说服人、

---

① 《邓小平文选》第三卷,人民出版社1993年版,第382页。
② 《马克思恩格斯选集》第一卷,人民出版社2012年版,第9—10页。
③ 《马克思恩格斯选集》第一卷,人民出版社2012年版,第9页。
④ 《马克思恩格斯选集》第一卷,人民出版社2012年版,第16页。

凝聚人，让无产阶级理解自己的地位和使命，从而肩负起人类解放这一历史任务的伟大理论。这就是作为共产党人信仰的马克思主义的内在逻辑。

马克思一生的思想曾经过多次转折，但他"造福人民，为绝大多数人谋福利"的人生理想和价值追求一经确立就从未改变。正如《共产党宣言》所指出的："过去的一切运动都是少数人的，或者为少数人谋利益的运动。无产阶级的运动是绝大多数人的，为绝大多数人谋利益的独立的运动。"①革命的目的归根结底是为了大多数人的解放、自由，以及为大多数人谋福利，从而得到了人民的衷心拥护、热情参与和坚决支持。

马克思主义根植于人民，从而具有了道义的力量。习近平总书记在纪念马克思诞辰200周年大会上的重要讲话中指出："马克思主义第一次站在人民的立场探求人类自由解放的道路，以科学的理论为最终建立一个没有压迫、没有剥削、人人平等、人人自由的理想社会指明了方向。马克思主义之所以具有跨越国度、跨越时代的影响力，就是因为它植根人民之中，指明了依靠人民推动历史前进的人间正道。"②

三、马克思主义现实诉诸改造世界的历史运动，具有实践的力量

实践的观点是马克思主义首要的、基本的观点。在马克思看来："全部社会生活在本质上是实践的。""哲学家们只是用不同的方式解释世界，问题在于改变世界。"③在革命性历史实践中，马克思主义所追求的价值理想不断得以实现和彰显，以马克思主义为理论基础的共产主义也就具有

---

① 马克思、恩格斯：《共产党宣言》，人民出版社2018年版，第39页。
② 习近平：《论中国共产党历史》，中央文献出版社2021年版，第198页。
③ 《马克思恩格斯选集》第一卷，人民出版社2012年版，第135、136页。

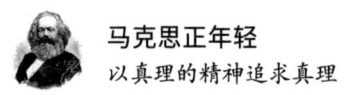

了实践性的本质规定。对此,马克思、恩格斯在《德意志意识形态》中指出:"实际上,而且对实践的唯物主义者即共产主义者来说,全部问题都在于使现存世界革命化,实际地反对并改变现存的事物。""共产主义对我们来说不是应当确立的状况,不是现实应当与之相适应的理想。我们所称为共产主义的是那种消灭现存状况的现实的运动。这个运动的条件是由现有的前提产生的。"①因此,必须认识到:共产主义不但是对理想社会的展望和设想,还是一种革命性实践运动,是基于一定现实、解决有限的事实和无限的价值之间矛盾的历史实践。

马克思主义正是基于实践性的理论品格和诉诸现实的物质力量,通过历史性的革命实践,在不断改善人们的生存状况和促进人的自由全面发展的过程中,不断地坚守着自身的核心价值追求,保持着自身的科学性和真理性。正如习近平总书记所指出的:"马克思主义是实践的理论,指引着人民改造世界的行动。""实践的观点、生活的观点是马克思主义认识论的基本观点,实践性是马克思主义理论区别于其他理论的显著特征。"②

四、马克思主义内在蕴含着自我革命的理论品格,具有创新的力量

习近平总书记指出:"马克思主义是不断发展的开放的理论,始终站在时代前沿。"③实践是不断发展的,人们对于客观事物的认识也在不断发展。马克思主义是革命的、批判的、与时俱进的理论,必将随着实践的发展、时代的变迁、条件的变化而不断有所发现、有所前进、有所创

---

① 《马克思恩格斯选集》第一卷,人民出版社 2012 年版,第 155、166 页。
② 习近平:《论中国共产党历史》,中央文献出版社 2021 年版,第 198 页。
③ 习近平:《论中国共产党历史》,中央文献出版社 2021 年版,第 199 页。

新，从而使其具有了创新的力量和生生不息的生命力。马克思主义经典作家一再强调，正确的理论必须结合具体情况并根据现存条件加以阐明和发挥。马克思一再告诫人们，马克思主义理论不是教条，而是行动指南，必须随着实践的变化而发展。恩格斯说过："我们的理论是发展着的理论，而不是必须背得烂熟并机械地加以重复的教条。"①

马克思主义本身的实践性、革命性、批判性，决定了其内在具有与时俱进的理论品格。马克思、恩格斯不断审视和批判自己的观点，超越和发展自己的理论，使马克思主义不断完善。马克思在进行理论活动的初期就声明："我们不想教条地预期未来，而只是想通过批判旧世界发现新世界。"②例如，《共产党宣言》出版后的几十年中，马克思、恩格斯为它的不同版本写了多篇序言，在序言中对《共产党宣言》加以说明、订正或补充，使之更加完善；列宁用"首先胜利论"发展了马克思、恩格斯的"共同胜利论"，并在实践中取得了十月革命的胜利；中国共产党人把马克思主义基本原理同中国具体实际相结合，实现了马克思主义的中国化，不断把中国革命、建设和改革事业推向前进。从一定意义上说，我们党的事业发展的历史，就是一部不断坚持马克思主义自我革命与时俱进的历史。

实践没有止境，创新也没有止境。正如习近平总书记所强调的："时代是思想之母，实践是理论之源。只要我们善于聆听时代声音，勇于坚持真理、修正错误，二十一世纪中国的马克思主义一定能够展现出更强大、更有说服力的真理力量！"③马克思主义自我革命的理论品格，决定了它必然随着时代和实践而不断与时俱进，在理论创新和实践创新的良性互动中永葆青春活力和强大生命力。

---

① 《马克思恩格斯文集》第十卷，人民出版社2009年版，第562页。
② 《马克思恩格斯文集》第十卷，人民出版社2009年版，第7页。
③ 《习近平著作选读》第二卷，人民出版社2023年版，第22页。

目 录

第一篇
追问马克思主义的本真精神

第一章 崇高信仰的真理性 / 003

一、信仰本质上是价值的最高追问 / 003

二、信仰具有理性和非理性的区别 / 004

三、马克思主义是科学理性的信仰 / 005

四、在实践中坚守共产党人的初心 / 008

第二章 人类解放的价值性 / 011

一、实现人的自由全面发展是马克思主义的核心价值 / 011

二、追求人类解放是马克思主义政党的历史使命 / 014

三、促进人的自由全面发展是社会主义的价值追求 / 017

第三章 哲学基础的整体性 / 020

一、唯物论和辩证法统一的方法论整体性 / 020

二、事实和价值统一的认识论整体性 / 022

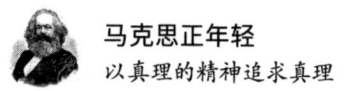

三、解释世界和改造世界统一的实践论整体性 / 024

第四章　辩证逻辑的革命性　/ 026

一、辩证法揭示了所有客观事物存在的条件性 / 027

二、辩证法阐明了事物发展永无止境的过程性 / 029

三、辩证法指明了人类解放历史运动的现实性 / 032

第五章　理论品格的实践性　/ 034

一、实践的观点是马克思主义哲学首要的、基本的观点 / 034

二、马克思主义在实践范畴的基础上实现了哲学革命 / 035

三、实践性特点决定了马克思主义理论必须同实践相统一 / 037

第六章　理论体系的开放性　/ 039

一、开放性是马克思主义固有的理论品格 / 039

二、马克思主义史就是一部开放发展史 / 041

三、在开放性的基础上坚定理论自信 / 045

第七章　共产主义的现实性　/ 048

一、对共产主义形而上学理解的局限性 / 048

二、共产主义实践辩证法的存在论革命 / 053

三、实践真理观与中国道路的必然逻辑 / 059

第二篇
汲取经典中的伟大智慧

第八章　阅读经典的必要性　/ 065

　　一、感悟马克思主义经典作家的崇高价值　/ 065
　　二、学习马克思主义经典严谨的论证逻辑　/ 066
　　三、体会马克思主义经典蕴含的问题意识　/ 068

第九章　研读经典的方法论　/ 070

　　一、深入经典的历史文化背景，搞清楚"前理解"　/ 070
　　二、感悟经典作家的崇高价值，领悟透"所以然"　/ 072
　　三、抓住经典的灵魂观照现实，弄明白"怎么办"　/ 074

第十章　领悟经典的辩证法　/ 077

　　一、加强哲学理论学习，掌握辩证思维的规律　/ 077
　　二、阅读中西哲学经典，接受哲学智慧的滋养　/ 079
　　三、研读马克思主义经典，增强辩证思维能力　/ 080

第十一章　追问经典的真信仰　/084

　　一、共产党人崇高信仰的深刻阐明　/ 084
　　二、共产主义基本原理的科学逻辑　/ 086
　　三、共产党人精神家园的理想建构　/ 088

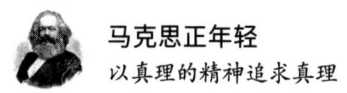
马克思正年轻
以真理的精神追求真理

第十二章 感悟经典的历史观 / 090

一、唯物史观形成的里程碑 / 091

二、立足"现实的个人"的历史观 / 098

三、唯物主义历史观的当代价值 / 109

第十三章 把握经典的生命力 / 114

一、经典著作针对的历史时代没有过去 / 115

二、经典著作贯穿的内在逻辑无懈可击 / 116

三、经典著作得出的科学结论毋庸置疑 / 118

四、经典著作所指明的历史趋势不可避免 / 119

第三篇
活学活用活的灵魂

第十四章 时代精神的引领者 / 123

一、哲学不是科学的科学 / 124

二、坚守哲学的基本价值 / 127

三、保持哲学的时代热情 / 128

第十五章 学用哲学的好传统 / 132

一、用好思想武器,推动社会革命 / 132

二、坚持实践第一,始终实事求是 / 134

三、坚持人民至上,密切联系群众 / 135

四、照辩证法办事，反对形而上学　/ 137

第十六章　走自己路的自主性　/ 139

　　一、既不迷信教条，也不盲从经验　/ 139

　　二、坚守"根"和"魂"，确保正确方向　/ 144

　　三、坚持守正创新，绝不封闭僵化　/ 147

第十七章　中国道路的合理性　/ 151

　　一、坚持马克思主义的本真精神　/ 151

　　二、汲取中华传统文化的伟大智慧　/ 153

　　三、关注整个人类未来的共同命运　/ 154

第十八章　中国经验的主体性　/ 157

　　一、"现代化"不等于"西方化"　/ 157

　　二、西方式民主不是唯一的民主政治　/ 159

　　三、西方"普世价值"不具有普适性　/ 161

　　四、不存在"国强必霸"的唯一逻辑　/ 164

第十九章　唯物史观的主动性　/ 166

　　一、坚持唯物史观不断推陈出新　/ 166

　　二、基于真理基石坚定理想信念　/ 168

　　三、立足历史方位确定方针方略　/ 170

　　四、紧紧依靠人民创造历史伟业　/ 173

　　五、顺应历史潮流关注人类命运　/ 175

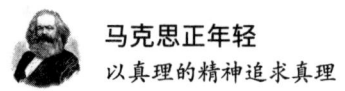
马克思正年轻
以真理的精神追求真理

第四篇
以科学的态度对待科学

第二十章 守正创新的自觉性 /181

一、蕴含马克思主义精髓和中华优秀传统文化精华 /182

二、体现马克思主义的真理立场和科学态度 /184

三、不断推进马克思主义中国化时代化 /189

第二十一章 理论形态的新建构 /194

一、建构新形态,实现马克思主义哲学总体创新 /194

二、强化问题意识,实现马克思主义哲学时代化 /197

三、面向中国问题,推进马克思主义哲学中国化 /198

四、面向人民群众,促进马克思主义哲学大众化 /199

五、实践与文本互动,实现马克思主义哲学创新 /201

第二十二章 谱写理论的新篇章 /203

一、推进马克思主义中国化时代化是一个追求真理、揭示真理、笃行真理的过程 /204

二、不断谱写马克思主义中国化时代化新篇章是当代中国共产党人的庄严历史使命 /206

三、活学活用活的灵魂,继续推进实践基础上的理论创新 /209

第二十三章　创新理论的活灵魂　/213

一、做到不仅知其然，更要知其所以然　/213

二、"六个必须坚持"具有逻辑整体性　/215

三、掌握好分析和解决问题的"总钥匙"　/217

第二十四章　文化使命的新担负　/220

一、宣传思想文化工作是一项极端重要的工作　/220

二、担负新的文化使命，创造中华文化新的辉煌　/222

三、学好用好习近平文化思想这一强大思想武器　/224

第二十五章　理论武装的规律性　/227

一、与时俱进，避免教条主义　/227

二、立足实际，避免空谈主义　/230

三、彻底透彻，避免浅尝辄止　/233

四、诉诸实践，避免知行分离　/235

跋
以真理的精神传播信仰　/239

第一篇
追问马克思主义的本真精神

第一章　崇高信仰的真理性

第二章　人类解放的价值性

第三章　哲学基础的整体性

第四章　辩证逻辑的革命性

第五章　理论品格的实践性

第六章　理论体系的开放性

第七章　共产主义的现实性

第一章 崇高信仰的真理性

不忘初心，方得始终。初心就是信仰，是根本的价值追求。我们对马克思主义的信仰，是科学的信仰、理性的信仰。无论是马克思主义的理论体系、实践运动，还是信仰马克思主义的人，里面都贯穿着一个灵魂，就是马克思主义的核心价值追求。实现马克思主义的核心价值追求必须坚持社会主义道路。

中国共产党人的信仰是马克思主义。将这个信仰内化于心、外化于行，必须搞清楚两个基本问题：第一，信仰是什么？第二，马克思主义是什么？只有在此基础上，我们才可以真正把马克思主义信仰内化到灵魂深处、转化为现实的实践。

一、信仰本质上是价值的最高追问

信仰的本质是价值问题，是对价值的最高追问。人们认识世界有两个方式：一是搞清楚"是不是"的问题，这是事实判断；二是搞清楚"该不该"的问题，这是价值判断。事实判断服从唯物论的原则，与人们的主观愿望没有关系，是按照客观标准和外在尺度认识世界；价值判断服从价值论的原则，同一个事实，不同的人有可能做出完全不同的价值判断，是按照主观标准和内在尺度认识世界。事实判断旨在求真，价值判

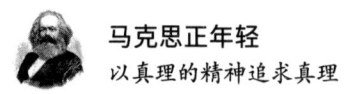

断旨在求善。

毫无疑问，信仰不在事实领域，而是属于价值判断。但是，并不是所有的价值判断都是信仰问题，信仰是对价值的最高追问。价值判断回答"该不该"的问题。所谓价值追问，就是对"该不该"或者"有没有意义"问题的追问。价值观也就是怎么看"该"或者"不该"，"有意义"或者"没有意义"。如果对价值的追问超越了生命，就会上升为信仰。例如，什么是拜金主义的价值观？就是把金钱作为判断"该"或者"不该"的标准，认为有钱就该，没有钱就不该。但如果价值追问达到这样的地步：为了钱可以不活，即超越了生命，这就上升为对金钱的信仰。再如，什么是自由的价值观？就是把自由作为判断"该"或者"不该"的标准，凡是符合自由的就是该的，凡是不符合自由的就是不该的。但如果价值追问达到这样的地步，"不自由，毋宁死"，这就不是普通的自由价值观，而是对自由的信仰。

由此可见，信仰本身包含着牺牲和献身精神，为了信仰是可以付出一切的，甚至包括生命。中国共产党的入党誓词说："随时准备为党和人民牺牲一切，永不叛党。"这就是对信仰的宣誓。

二、信仰具有理性和非理性的区别

信仰可以有很多种，但从总体上来说，根据追问价值通达信仰的不同方式，大致可以把信仰分为两类：理性的信仰和非理性的信仰。

人们认识世界分为两个方面，一个是事实判断，另一个是价值判断。事实问题属于科学的范围，但科学永远不能超越事实范围走向价值领域。也就是说，"是不是"的事实问题，永远不可能回答"该不该"的价值问题。价值问题是由人文来回答的。人文由艺术、宗教和哲学组成。它们都是回答价值问题的，但回答价值问题的方式不同。艺术用感性、直观的方式表达价值，宗教用非理性的方式回答价值问题，哲学则是追求为价值找到理性的依据。艺术没有自己独立的王国，不可能直接通达信仰，可以用于表达信仰。那么，通达信仰只有两条路可走，一个是宗教，另一个是哲学。这两种信仰所达到的价值追问高度没有本质区别，为了宗教的信仰可以献身，基于哲学的信仰同样可以牺牲生命。它们的根本区别在于通达信仰的方式：宗教以非理性的方式通达信仰，哲学用理性的方式通达信仰。也就是说，信仰有两种：理性的信仰和非理性的信仰。

非理性的信仰排斥理性的信仰。非理性的信仰不需要理由，因信而信。宗教通常都属于这样的信仰。一个宗教信仰，无论它的逻辑多么严密，但前提是经不起理性追问的。用理性追问宗教信仰，必然会得出自相矛盾的荒谬结论，必须"因信称义"。正如神学家德尔图良所说："上帝之子死了，虽然不合理，却是可信的；埋葬之后又复活了，虽然不可能，却是无疑的。""唯其荒谬，我才相信。"

理性的信仰恰恰是以理性作为根基的，经过理性反思为真才信，因真而信。我们不能把宗教当成唯一的信仰，也不能因为马克思主义是信仰就将其归于宗教。宗教是非理性的信仰，而马克思主义是理性的信仰。

三、马克思主义是科学理性的信仰

马克思主义的信仰是科学的信仰、理性的信仰，为什么如此说呢？可以从它对终极关怀的理性回答中找到答案。

人的特性在于，虽然生存有限，却要追问无限；虽然存在具有偶然性，却要追问必然；虽然生命是暂时的，却要追问永恒。这就是终极关怀。也就是说，人会立足于有限追求无限。有限的是现实生活，无限的

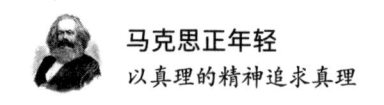

是价值追求。那么，怎么通过有限的生命来通达无限的意义和价值呢？

从理论上来讲，只有两种可能：第一，通过无限延长自己的生命追求无限的意义和价值。这绝对不是一个理性主义者所能够给出的答案，因为理性主义者都知道，无论一个人的生命有多长，总有大限来临的那一天。第二，承认生命有限，不去无谓地追求生命长度的无限，而是追求生命高度的意义，也就是在有限的生命中追求无限的意义和价值，这是理性主义者的方案。在这样的情况下，生命的长短已经不具备根本意义了。如果一个人的生命是有意义和价值的，那么即使是短暂的，也是灿烂的和值得的。

马克思沿着这个思路为共产党人找到了信仰。1835年8月，马克思中学毕业时写下了一篇作文——《青年在选择职业时的考虑》。在这篇作文中，马克思用诗一样优美的语言表达了崇高的人生价值追求："如果我们选择了最能为人类而工作的职业，那么，重担就不能把我们压倒，因为这是为大家作出的牺牲；那时我们所享受的就不是可怜的、有限的、自私的乐趣，我们的幸福将属于千百万人，我们的事业将悄然无声地存在下去，但是它会永远发挥作用，而面对我们的骨灰，高尚的人们将洒下热泪。"① 选择"最能为人类而工作的职业"，这样的人生才有意义和价值。

马克思所倡导的价值追求到底是不是理性的和科学的？是不是值得信仰呢？让我们借用海德格尔的一个理念"向死而生"，从生命的终极意义上来追问一下吧。生命的本质实际上是一个有限的过程，不要去追求那个最终的结果，因为最终的结果都是走向无限的虚无，即死亡。生是存在，死是虚无；生是暂时，死是永恒；生是有限，死是无限。什么是向死而生？面对那个无限的虚无，去反思一下究竟该怎么安放有限的存

---

① 《马克思恩格斯全集》第一卷，人民出版社1995年版，第459—460页。

在，面临永恒的死亡，去追问一下今天怎么活才有意义……即把生放在死面前去考问，把暂时放在永恒里面去追问，把有限放到无限中间去考量，去思考和追问生命的意义。我们只有面对无限，才能思考和规划如何安排好自己有限的生命过程，才能反思我们今天该不该这样活。

假设将要面对死亡了，我们回顾一下自己的一生，感到生命是有意义和价值的，选择是无悔的，如果再重新度过一生的话，我们还会选择这么过。请问，这个理由是什么？理由可以有很多，但是真正的理由绝不可能建立在世俗的基础之上，因为在这个时候，包括拥有多少财富、多大的权力等世俗的东西已经没有意义了。既然生命的本质是一个过程，那么，有意义的生命在于过程的精彩。什么样的生命过程才是精彩的呢？马克思告诉我们："尊严是最能使人高尚、使他的活动和他的一切努力具有更加崇高品质的东西，是使他无可非议、受到众人钦佩并高出于众人之上的东西。"[①] 也就是说，一个人应该有尊严地度过自己的一生，有尊严的生命才是值得的、精彩的，才是有意义和价值的。对于没有尊严的生命过程而言，每一分钟的延续都是耻辱。什么样的生命过程才是有尊严的呢？马克思说因为生命得到了人们的尊重，达到了崇高。为什么会得到人们的尊重呢？马克思的回答是，因为"选择了最能为人类而工作的职业"。什么是主义呢？就是核心的价值追求。什么是马克思主义呢？就是把马克思主义的创始人马克思所倡导的、被共产党人所遵循的价值和灵魂，即"造福人民，为绝大多数人谋福利"作为核心价值追求。如果为了这样的价值追求可以献出生命，那就是对马克思主义的信仰。这样的信仰是科学的、理性的信仰，具有崇高的生命价值追求，是在自己的生命实践中可以现实实现的价值。

---

① 《马克思恩格斯全集》第一卷，人民出版社 1995 年版，第 458 页。

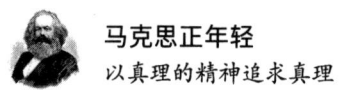

四、在实践中坚守共产党人的初心

我们往往会在不同层次上使用"马克思主义"这个概念。比如,马克思主义分为三个组成部分,即马克思主义哲学、马克思主义政治经济学和科学社会主义,这里是指马克思主义理论体系。再比如,我们从事的事业是伟大的事业,因为这是造福人民的马克思主义事业,这里是指马克思主义的运动和实践。还比如,我们是坚定的马克思主义者,这里是指把主义当成信仰的人。

无论是马克思主义的理论体系、运动和实践,还是信仰马克思主义的人,都贯穿着一个灵魂,就是马克思主义的核心价值追求,这就是马克思主义的"道"。古人云:"道不离器。"马克思主义的"道",就在马克思主义的理论、运动和实践中。马克思主义的根本特点在于它的实践性,而不是空谈"主义"。离开马克思主义的理论、运动和实践,马克思主义只能是一个幽灵。所谓"大道之行也","道"就在行道中,不"行"就没有"道"。

马克思主义的"道"就在马克思主义的理论表达、现实运动和社会实践中,就在每一个信仰马克思主义的人的身上。实现马克思主义这一价值追求,必须坚持社会主义道路。资本主义的核心价值追求就是资本的逻辑,也就是把资本增值的逻辑作为"普照的光",作为判断真理和价值的最高标准。在资本主义社会,资本作为物的力量却具备了主体性,而人本应该具备的主体性丧失了,被动地服从资本逻辑的统治。正如《共产党宣言》所指出的:"在资产阶级社会里是过去支配现在,在共产主义社会里是现在支配过去。在资产阶级社会里,资本具有独立性和个性，而活动着的个人却没有独立性和个性。"①社会主义正是对资本逻辑的扬弃、对资本主义的拨乱反正。社会主义就是基于社会的整体利益和理性价值，将每一个人的自由全面发展作为核心价值追求。如果制度理念、制度安排和制度设计是围绕让社会整体利益得到有效满足而提供充分的制度保障，着眼于促进人的自由全面发展，这样的制度就是社会主义制度，这样的社会就是社会主义社会，这样的文化就是社会主义文化。

马克思主义和社会主义的关系就是"道不离器"。马克思主义是灵魂，社会主义是载体；马克思主义是价值追求，社会主义是价值实现方式；马克思主义是"道"，社会主义是"器"。如果马克思主义离开了社会主义，它只能成为空想，只能成为空中楼阁；如果社会主义没有了马克思主义，就会丢魂，就会走邪路。

由此可以看出一个清晰的逻辑：马克思主义无论有多少种理论形态，它的"道"只有一个；而实现马克思主义价值追求，即"行道"的具体路径可以有很多，也就是说，社会主义的具体模式可以有多个。苏联解体、东欧剧变并不能说明社会主义的失败，更不能说明马克思主义的失败，只能说明苏联模式具体路径的失败。为什么失败了？是因为他们把马克思主义教条化了，把社会主义格式化了，背离了马克思主义的真理。科学社会主义和空想社会主义的一大区别，就在于科学社会主义不是一成不变的教条，而是把社会主义看作一个不断发展和完善的实践过程。中国特色社会主义的成功，用事实说明每个国家、每个民族可以而且必须根据自己的文化传统、历史条件、面对的课题和任务、人民的需要和要求，选择适合自己的造福人民的具体道路。中国特色社会主义道路本身也不是一成不变的，而是随着时代转换而不断完善和发展的。

---

① 马克思、恩格斯：《共产党宣言》，人民出版社2018年版，第44页。

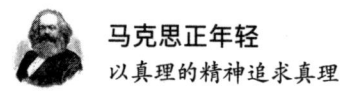

中国特色社会主义道路就是实现造福人民的马克思主义价值追求的中国道路。新时代中国特色社会主义就是21世纪中国马克思主义的价值实现形态，就是造福人民的具体实践和现实运动。正是基于对中国特色社会主义的自信和价值认同，我们党把全国14亿多人民的力量凝聚起来，为实现中华民族伟大复兴的中国梦而共同奋斗，带领人民不断创造中国奇迹，不断创造美好生活。

第二章 人类解放的价值性

马克思主义并不是否定个人的价值,恰恰相反,是把每个人的自由发展作为一切人自由发展的条件,尊重并追求每一个人的价值实现。马克思、恩格斯在《共产党宣言》中指出:"代替那存在着阶级和阶级对立的资产阶级旧社会的,将是这样一个联合体,在那里,每个人的自由发展是一切人的自由发展的条件。"①马克思主义政党秉持人民至上的价值追求,致力于改造世界的革命性实践,在共产主义运动中不断克服资本对人民的奴役和统治,通过自我革命推动社会革命,在扬弃资本主义虚假共同体、构建真实的社会共同体中,促进每个人的自由全面发展,引领人类社会从必然王国走向自由王国。

一、实现人的自由全面发展是马克思主义的核心价值

习近平总书记指出:"马克思主义坚持实现人民解放、维护人民利益的立场,以实现人的自由而全面的发展和全人类解放为己任,反映了人类对理想社会的美好憧憬。"②让无产阶级摆脱奴役和压迫,成为这个世界的主人,实现每个人的自由全面发展,是马克思主义一以贯之的最高理

---

① 马克思、恩格斯:《共产党宣言》,人民出版社2018年版,第51页。
② 习近平:《在哲学社会科学工作座谈会上的讲话》,人民出版社2016年版,第8—9页。

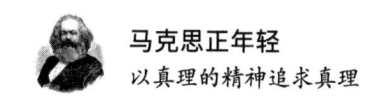

想、价值追求和逻辑起点。

（一）个人主义是被抽象人性论遮蔽的资本主义的资本逻辑

在资本主义社会，资本逻辑统治着一切经济社会生活，人的价值被归结为物的价值，被量化为资本增值的价值，就像《共产党宣言》所指出的："资产阶级在它已经取得了统治的地方把一切封建的、宗法的和田园诗般的关系都破坏了。它无情地斩断了把人们束缚于天然尊长的形形色色的封建羁绊，它使人和人之间除了赤裸裸的利害关系，除了冷酷无情的'现金交易'，就再也没有任何别的联系了。"[①] 资本主义正是通过生产资料和劳动者的分离，把劳动转化为异化劳动，造成了貌似自由平等而事实上人与人之间的剥削关系。正如《共产党宣言》所深刻揭示的："它把宗教虔诚、骑士热忱、小市民伤感这些情感的神圣发作，淹没在利己主义打算的冰水之中。它把人的尊严变成了交换价值，用一种没有良心的贸易自由代替了无数特许的和自力挣得的自由。总而言之，它用公开的、无耻的、直接的、露骨的剥削代替了由宗教幻想和政治幻想掩盖着的剥削。"[②] 在资本逻辑的统治下，所谓的自由只不过是资本的自由，平等也只不过是把人的价值降低为物的价值进行量化交换的平等，根本不存在人的真正自由平等，何谈个人的尊严和价值！

（二）马克思主义主张立足于革命性实践，追求真正实现每个人的自由全面发展

面对资本主义原始积累下人的不自由、不平等，人与人之间剥削与被

---

① 马克思、恩格斯:《共产党宣言》，人民出版社 2018 年版，第 30 页。
② 马克思、恩格斯:《共产党宣言》，人民出版社 2018 年版，第 30 页。

剥削的关系，马克思之前的很多思想家都批判过，例如，我们所熟悉的空想社会主义者欧文、傅立叶、圣西门等，但是，他们仅仅从理论上批判，只是从感情上去控诉现实。也就是说，他们只是深刻揭露了资本主义的罪恶，对未来的理想社会提出许多美妙的天才设想，企图克服资本主义的弊端，建立"人人平等，个个幸福"的新社会。他们有很好的想法和愿望，但也仅此而已，并没有找到解决问题的现实路径，因此只能是空想。马克思主义把共产主义作为人类解放的一个历史运动，主张在构建自由人的联合体的革命性实践中，实现人类解放和每一个人的自由全面发展。

（三）个人的生命只有融入整个人类的利益中，才能彰显其价值和意义

人的本质在于其社会性，必须在人类社会中存在和彰显其意义。所以，马克思主义致力于在社会革命中充分实现人的社会本质，彰显个人生命价值，在造福人类的革命性实践中获得个人生命的意义。正如马克思在《青年在选择职业时的考虑》中所指出的："在选择职业时，我们应该遵循的主要指针是人类的幸福和我们自身的完美。不应认为，这两种利益会彼此敌对、互相冲突，一种利益必定消灭另一种利益；相反，人的本性是这样的：人只有为同时代人的完美、为他们的幸福而工作，自己才能达到完美。如果一个人只为自己劳动，他也许能够成为著名的学者、伟大的哲人、卓越的诗人，然而他永远不能成为完美的、真正伟大的人物。"[①]

立志选择"最能为人类而工作的职业"，马克思的远大志向不正是我们共产党人一直坚守的"造福人民，为绝大多数人谋福利"这一核心价

---

① 《马克思恩格斯全集》第一卷，人民出版社1995年版，第459页。

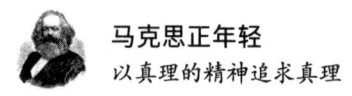

值观吗？也就是习近平总书记所说的："我将无我，不负人民。我愿意做到一个'无我'的状态，为中国的发展奉献自己。"①"我将无我，不负人民"充分展现了一个共产党人的核心价值追求和伟大人民情怀。

二、追求人类解放是马克思主义政党的历史使命

任何政党都以一定的阶级为基础，具有鲜明的阶级性。马克思、恩格斯对无产阶级政党的根本性质和特点在《共产党宣言》中进行了经典表述："过去的一切运动都是少数人的，或者为少数人谋利益的运动。无产阶级的运动是绝大多数人的，为绝大多数人谋利益的独立的运动。"②领导这一无产阶级运动的就是共产党，共产党不是同其他工人政党相对立的特殊政党，在革命斗争的整个过程中没有任何同整个无产阶级的利益不同的利益。无产阶级只有解放全人类，才能最终解放自己，追求人类解放是无产阶级政党存在的意义和历史使命。

（一）让无产阶级摆脱奴役和压迫，实现人类解放，是马克思主义政党的价值追求

正如恩格斯在1880年所说的："完成这一解放世界的事业，是现代无产阶级的历史使命。"③这个使命就是让人民大众最大限度地摆脱自然界、人类社会和思想的奴役和压迫，成为自由全面发展的人，这是马克思主义政党的基本价值追求。在马克思看来，资本主义社会中种种不公正、不合理的现象产生的根源在于资本主义制度本身所具有的不平等、不自由以及人与人之间剥削与被剥削的关系，生产条件和发展成果都不能由人民共享。

---

① 《习近平著作选读》第二卷，人民出版社2023年版，第250页。
② 马克思、恩格斯：《共产党宣言》，人民出版社2018年版，第39页。
③ 《马克思恩格斯全集》第二十五卷，人民出版社2001年版，第414页。

因此，马克思主义自产生之日起，就以推翻资本主义制度、实现共产主义和人类解放为目标。马克思、恩格斯指出，共产党人强调和坚持整个无产阶级共同的不分民族的利益，共产党人始终代表整个无产阶级运动的利益，无产阶级通过革命使自己成为统治阶级，并以统治阶级的资格用暴力消灭旧的生产关系，那么它在消灭这种生产关系的同时，也就消灭了阶级对立的存在条件，消灭了阶级本身的存在条件，从而消灭了它自己这个阶级的统治。

（二）人类解放只有在共产主义运动中才能逐步实现

马克思、恩格斯基于唯物史观和异化劳动理论，深刻揭示了资本主义剥削的根源在于生产资料的私有制，剥削的秘密就在于剩余价值生产。克服资本对人的统治，实现人的解放必须通过共产主义运动扬弃私有财产、结束异化劳动。正如马克思在《1844年经济学哲学手稿》中所指出的："共产主义是对私有财产即人的自我异化的积极的扬弃，因而是通过人并且为了人而对人的本质的真正占有；因此，它是人向自身、也就是向社会的即合乎人性的人的复归，这种复归是完全的复归，是自觉实现并在以往发展的全部财富的范围内实现的复归。这种共产主义，作为完成了的自然主义，等于人道主义，而作为完成了的人道主义，等于自然主义，它是人和自然界之间、人和人之间的矛盾的真正解决，是存在和本质、对象化和自我确证、自由和必然、个体和类之间的斗争的真正解决。它是历史之谜的解答，而且知道自己就是这种解答。"①

共产主义作为一种现实的运动，基于革命性实践，在改变人与自然、人与社会、人与自身的关系中，同时也改变着人自己，在批判旧世界中发

---

① 《马克思恩格斯文集》第一卷，人民出版社2009年版，第185—186页。

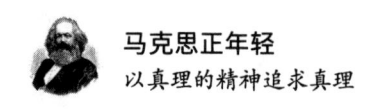

现新世界,在改造世界中实现人自身的革命性变革,不断实现人的自由全面发展。

(三)无产阶级是实现共产主义的中坚力量

马克思、恩格斯指出,资本主义大工业的发展,不仅创造了巨大的生产力,为共产主义准备了物质前提,而且创造了埋葬资本主义的物质力量——无产阶级。无产阶级是大工业的产物,并随着大工业的发展成为全体社会成员中的大多数;它完全没有财产,并同有钱有教养的世界发生尖锐的对立;它被排斥于社会之外,必须承担社会的一切重负,而不能享受社会的福利。无产阶级的经济地位决定了他们必然要求实行彻底的革命。过去的一切革命都没有触动私有制,只是改变私有制的形式。而无产阶级的共产主义革命则要消灭一切形式的私有制,"并消灭任何阶级的统治以及这些阶级本身"[1],代之以共产主义公有制,实现"联合起来的个人对全部生产力的占有"[2]。无产阶级实现自身解放,就必须由先进理论武装起来的马克思主义政党来领导,担负起人类解放的历史使命。

我们党把坚持人民利益高于一切鲜明地写在自己的旗帜上,把全心全意为人民服务作为根本宗旨,把实现好、维护好、发展好最广大人民根本利益作为一切工作的出发点和落脚点。正是基于这样的神圣使命和理论自信,中国共产党人才能把全国14亿多人民的力量凝聚起来,为人民谋幸福、为民族谋复兴、为世界谋大同,在造福中国人民的同时造福世界人民,推动构建人类命运共同体。

---

[1] 《马克思恩格斯选集》第一卷,人民出版社2012年版,第170—171页。
[2] 《马克思恩格斯选集》第一卷,人民出版社2012年版,第210页。

三、促进人的自由全面发展是社会主义的价值追求

习近平同志指出"马克思多次讲过,在资本主义社会,生产表现为人的目的,而人并不是生产的目的。社会主义在本质上是比资本主义'更高级的,以每个人的全面而自由的发展为基本原则的社会形式',关注人本身的发展,是社会主义和资本主义的根本区别之一。"[①] 社会主义作为人类解放的历史阶段,本质上就要把促进人的自由全面发展作为价值旨向。

(一)实现人的自由全面发展是社会主义制度的价值取向

资本主义就是把资本的逻辑作为核心价值追求。资本的本性就是逐利。马克思在《资本论》中引用一段话把资本的本性揭露得淋漓尽致:"资本来到世间,从头到脚,每个毛孔都滴着血和肮脏的东西。""资本害怕没有利润或利润太少,就像自然界害怕真空一样。一旦有适当的利润,资本就胆大起来。如果有10%的利润,它就保证到处被使用;有20%的利润,它就活跃起来;有50%的利润,它就铤而走险;为了100%的利润,它就敢践踏一切人间法律;有300%的利润,它就敢犯任何罪行,甚至冒绞首的危险。"[②] 资本主义根本的制度安排、制度设计和制度理念都是围绕着让资本的本性充分涌流而提供有效的制度保障。社会主义正是对资本逻辑的扬弃、对资本主义的扬弃,是把社会的整体利益和人民利益作为核心价值追求,促进每一个人的自由全面发展而进行的制度安排和制度设计。

(二)共享是社会主义的本质要求

马克思主义人类解放实践主要从两个方面展开:第一,通过发展生

[①] 习近平:《干在实处 走在前列——推进浙江新发展的思考与实践》,中共中央党校出版社2006年版,第24页。
[②] 马克思:《资本论(纪念版)》第一卷,人民出版社2018年版,第871页。

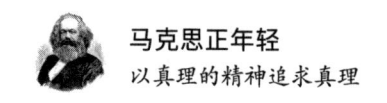

产力特别是科学技术，实现人对与自然界之间物质交换关系的有效控制，把人从自然界的盲目必然性的奴役中解放出来，使人"成为自然界的主人"①。第二，通过革命性实践摆脱社会的阶级奴役和压迫，使人成为"自己的社会结合的主人"②，让人民大众共享发展的成果，实现个人的自由全面发展。这两个解放互相贯通、互相交织，最终统一到社会主义实践中。邓小平正是从这一实践向度深刻揭示了社会主义的本质："社会主义的本质，是解放生产力，发展生产力，消灭剥削，消除两极分化，最终达到共同富裕。"③"解放生产力，发展生产力"主要是针对离开生产力抽象谈论社会主义这种历史唯心主义而谈的。"消灭剥削，消除两极分化"主要是针对资本的逻辑和市场的缺陷而谈的。一个是生产力标准，一个是生产关系标准；一个是服从效率原则，一个是服从公平正义原则。习近平总书记曾把二者形象地比喻成"做大蛋糕"和"分好蛋糕"。二者在对立面中达到统一，不能离开一个方面去认识和把握另外一个方面。如果不把蛋糕做大，就没有蛋糕可分，也就无所谓公平正义。如果不把蛋糕分好，就会影响做蛋糕的积极性，也就没有蛋糕可分。无论是做蛋糕还是分蛋糕，归根结底是让人民群众共享改革发展的成果，最终达到共同富裕，也就是习近平总书记所指出的"共享是中国特色社会主义的本质要求"④。

（三）社会主义是造福人民的具体历史实践

马克思主义无论有多少种理论形态，其灵魂是永远不变的"道"，即一切为了造福人民。但是，现实的、具体的社会主义有各种不同的形态。

---

① 《马克思恩格斯选集》第三卷，人民出版社 2012 年版，第 817 页。
② 《马克思恩格斯选集》第三卷，人民出版社 2012 年版，第 817 页。
③ 《邓小平文选》第三卷，人民出版社 1993 年版，第 373 页。
④ 习近平：《论把握新发展阶段、贯彻新发展理念、构建新发展格局》，中央文献出版社 2021 年版，第 500 页。

中国特色社会主义的成功,并不能说明中国特色社会主义是放之四海而皆准的唯一正确的社会主义现代化道路,只能说明每个国家、每个民族在生存与发展的现实中可以而且必须自由选择适合自己的道路。正如习近平总书记所说的:"社会主义并没有定于一尊、一成不变的套路,只有把科学社会主义基本原则同本国具体实际、历史文化传统、时代要求紧密结合起来,在实践中不断探索总结,才能把蓝图变为美好现实。"[①]"一个国家走什么样的道路,只有这个国家的人民最有发言权。一副药方不可能包治百病,一种模式也不可能解决所有国家的问题。生搬硬套或强加于人都会引起水土不服。"[②]

中国特色社会主义的辉煌成就充分说明了中国特色社会主义是在当代中国实现马克思主义根本价值追求的科学道路,也是科学社会主义在中国的成功实践,充分体现了"共享"这一社会主义的本质要求。中国特色社会主义事业,正是坚持人民至上,站在"造福人民"这一共同价值的制高点,由中国共产党人领导全国人民进行的伟大历史实践。

---

① 习近平:《论中国共产党历史》,中央文献出版社 2021 年版,第 211 页。
② 《习近平外交演讲集》第二卷,中央文献出版社 2022 年版,第 164 页。

第三章　哲学基础的整体性

"工欲善其事，必先利其器。"作为中国共产党人的世界观和方法论，马克思主义哲学是各级领导干部分析问题和解决问题的看家本领，也是广大党员干部改造主观世界和改造客观世界的强大理论武器。正如习近平总书记在《辩证唯物主义是中国共产党人的世界观和方法论》一文中所指出的："我们党要团结带领人民实现'两个一百年'奋斗目标、实现中华民族伟大复兴的中国梦，必须不断接受马克思主义哲学智慧的滋养，更加自觉地坚持和运用辩证唯物主义世界观和方法论。"[①]作为科学的世界观和方法论，马克思主义哲学具有整体性的理论品格，是唯物论、辩证法和价值论在实践论基础上得以统一的、完整的理论体系。掌握马克思主义的世界观和方法论，就必须把握马克思主义哲学体系的整体性。各级领导干部系统完整地把握马克思主义哲学的精神实质，对于推进我们党的伟大事业具有十分重大的现实意义。

一、唯物论和辩证法统一的方法论整体性

价值和逻辑，是确证理论自洽性的两个必不可少的构成要素。马克

---

① 习近平：《辩证唯物主义是中国共产党人的世界观和方法论》，《求是》2019年第1期。

思、恩格斯在《德意志意识形态》中指出:"统治阶级的思想在每一时代都是占统治地位的思想。"[①]根本不存在价值中立的意识形态,所有的意识形态都是代表一定的阶级利益诉求的。所谓价值,就是一个意识形态理论体系所坚守的基本主张和利益表达。这样的主张和利益表达必须通过一定的形式和范式来论证和实现,这就是其所遵循的基本逻辑。作为无产阶级的意识形态,马克思主义也是由其基本价值和逻辑所构成的理论体系。其基本价值就是追求人类解放,其基本逻辑就是唯物辩证法。

唯物辩证法作为马克思主义的根本方法论,不是唯物论和辩证法的简单叠加,而是唯物论和辩证法有机统一的整体。我们可以从邓小平的一个著名论断来分析唯物论和辩证法的整体性。1980年12月25日,邓小平在《贯彻调整方针,保证安定团结》的讲话中指出:"解放思想,就是使思想和实际相符合,使主观和客观相符合,就是实事求是。今后,在一切工作中要真正坚持实事求是,就必须继续解放思想。"[②]"解放思想就是实事求是"这一论断具有深刻的哲学依据。唯物论虽然具有本体论的意蕴,但是其认识论的意蕴同样不可忽视。从认识论意义上而言,唯物论就是要按照客观事物的本来面目来看待和对待对象,是什么样就是什么样,必须实事求是,一切从实际出发,避免主观主义。那么,客观事物的本来面目是什么样子的呢?按照辩证法,虽然客观事物形形色色、千差万别,但是所有的客观事物都处于不断的运动和变化过程之中。正如马克思在《资本论》第一卷第二版的跋文中所指出的:"辩证法在对现存事物的肯定的理解中同时包含对现存事物的否定的理解,即对现存事物的必然灭亡的理解;辩证法对每一种既成的形式都是从不断的运动中,

---

① 《马克思恩格斯选集》第一卷,人民出版社2012年版,第178页。
② 《邓小平文选》第二卷,人民出版社1994年版,第364页。

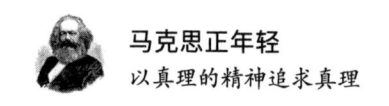

因而也是从它的暂时性方面去理解。"① 根据辩证法，根本不存在一成不变的客观事物，世界不过是过程的集合体，除了不断的生生灭灭和新陈代谢的过程外，什么都不存在。既然任何客观事物都处于不断的运动发展变化过程之中，那么，根据唯物论依照客观事物的本来面目来看待和对待客观对象的要求，我们就应该随着事物的变化不断地调整、改变甚至放弃原有的与已经变化了的新的事实不相符合的旧的观念和看法，这就是解放思想。如果客观事物已经发生了变化，我们的观点仍然停留在原有旧的观念和认识上，那么，这就是刻舟求剑，必然违背实事求是。因此，解放思想并不是为了标新立异，而是为了实事求是，是要解放到实事求是上去，力求主观和客观相符合，这就是实事求是。

可见，唯物论和辩证法不是相互割裂和互不相干的两个东西，而是一而二、二而一的整体性关系。如果唯物论和辩证法相互割裂，那就既没有真正的唯物论，也没有真正的辩证法。例如，费尔巴哈的唯物主义之所以是半截子的唯物主义，就是因为它不讲辩证法；黑格尔的辩证法之所以不能贯彻到底，就是因为它没有唯物论的基础。马克思主义的唯物论和辩证法之所以是彻底的，是因为它是唯物论和辩证法的真正统一，其唯物论是辩证唯物论，其辩证法是唯物辩证法，是同一个内容的不同方面和同一个事情的不同表达。

二、事实和价值统一的认识论整体性

马克思正是因为坚持唯物辩证法的基本逻辑创立了唯物史观，才创造性地揭示了人类社会发展规律，使马克思主义具有了普遍的真理性。马

---

① 马克思：《资本论（纪念版）》第一卷，人民出版社 2018 年版，第 22 页。

克思也正是根据唯物辩证法批判性和革命性的理论品格，用实践的历史生成论超越了空想社会主义者仅仅止步于悲天悯人的情感倾诉，才找到实现人类解放理想的现实路径。而这一切伟大的理论创造和历史实践之所以能够成为现实，都是因为马克思以实践为基础，运用唯物辩证法的基本逻辑实现了哲学的革命，使一直以来困扰西方的"事实"和"价值"二分对立的悖论得以解决。

虽然西方哲学不乏辩证法的思维方式和思想成果，但从总体上来说，非此即彼的形式逻辑一直占主导地位。柏拉图论证理念论的方法即体现了形式逻辑的基本方法。根据柏拉图的理念论，整个世界可以分为感性世界和理念世界。感性世界即现象世界，是通过感官经验可以感知的世界；理念世界是不能通过感官经验直接把握的，是必须通过理智来领悟的世界。感性世界的事物之所以能够存在，是因为它们分有了理念世界的理念。但是，分有毕竟只是分有，现象不可能等同于理念本身。感性世界的事物都处于不断的变动不居之中，因此，这是一个假象世界。而真正不变的永恒真理是在理念世界之中的，因此，理念世界才是真相世界。由于现象世界只不过是对理念世界的模仿，因此，相对于绝对的、无限的、圆满的理念世界，感性世界只是一个有限的、相对的、有缺陷的不完美世界。在两个世界划分的基础上，柏拉图得出自己的知识论，即摒弃现象世界纷繁复杂的干扰，追求理念世界的真理。这样，理念论就在两个世界之间划了一道不可逾越的鸿沟，两个世界彼此对立，从此为后来西方哲学经验论和唯理论彼此对立的认识论传统打下了基础，也为西方哲学此岸和彼岸、感性和理念、事实和价值等"是"和"应当"之间的矛盾对立埋下了伏笔。

事实和价值之间的矛盾，在纯粹认识论范围内，就成了非此即彼二值逻辑自身根本无法解决的内在矛盾。要真正解决这一矛盾，就必须在事

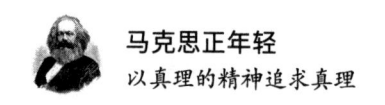

实和价值之间、经验和理念之间架起一座桥梁，以打破二者之间非此即彼的相互对立，这就必须超越西方传统的形式逻辑，引入辩证逻辑。马克思正是在黑格尔哲学的基础上，引入了作为感性活动的实践范畴，在事实和价值之间构建了一座彼此沟通的桥梁，从而在根本上解决了一直困扰西方哲学的难题。

三、解释世界和改造世界统一的实践论整体性

针对旧哲学的局限性，马克思在提出实践范畴的基础上，实现了哲学的革命。他指出："哲学家们只是用不同的方式解释世界，问题在于改变世界。"① 由于仅仅停留于理论哲学的此岸和彼岸相互对立的哲学传统，旧哲学要么只是从主体性方面解释世界，要么只是从客体性方面解释世界。正如恩格斯在《英国状况。十八世纪》中所指出的："反对基督教的抽象主体性的斗争促使18世纪的哲学走向相对立的片面性；客体性同主体性相对立，自然同精神相对立，唯物主义同唯灵论相对立，抽象普遍、实体同抽象单一相对立。"② 如果要克服此岸和彼岸、主体性和客体性、唯物主义和唯灵论的彼此对立，就必须在实践的基础上超越西方理论哲学的知识论传统，创立实践哲学，在实践的基础上历史性地解决"是"和"应当"之间的抽象对立。

《礼记》有言："大道之行也，天下为公。"马克思主义的根本价值追求就是人类解放，这就是马克思主义的"大道"。正如习近平总书记在纪念马克思诞辰200周年大会上的讲话中所指出的："马克思主义是人民的理论，第一次创立了人民实现自身解放的思想体系。马克思主义博大精

---

① 《马克思恩格斯选集》第一卷，人民出版社2012年版，第136页。
② 《马克思恩格斯全集》第三卷，人民出版社2002年版，第527—528页。

深，归根到底就是一句话，为人类求解放。"①马克思主义的理论旨趣，就是通过历史性的革命性实践消除人的异化，达到人向自身、向社会的即合乎人性的人的复归的共产主义。

因此，共产主义除了是对理想社会的一种展望和设想之外，更重要的还在于它是一种革命性的实践运动，是基于一定现实、解决有限的事实和无限的价值之间的矛盾的历史实践。在马克思那里，"实践性""革命性""批判性""辩证法"在一定意义上都是指向一个维度，即历史性的维度，也就是不断生成的历史过程。从必然王国到自由王国，这是一个社会实践的历史过程，是一个从改变现存社会状态的社会实践中不断追求人类解放的一个革命性变革的历史过程。也就是说，共产主义是一种历史性的革命性实践，就是行马克思主义之"大道"的历史运动。可见，在马克思主义的思想方法里，唯物论和辩证法是统一的整体，这就是唯物辩证法的基本逻辑。唯物辩证法和价值论也是不可分的统一整体，违背了唯物辩证法就不能坚守马克思主义的价值论，坚守了马克思主义的价值论也就意味着坚持了唯物辩证法来"行道"。唯物论、辩证法和价值论在实践的基础上并通过实践得以统一，从这个意义上来说，实践观点是马克思主义首要的、基本的观点，也是从整体性的角度理解马克思主义思想方法的秘密所在。这种思想方法的本质可以概括为："实践的历史生成论"，或者叫"实践辩证法"。

---

① 习近平：《论中国共产党历史》，中央文献出版社2021年版，第198页。

第四章　辩证逻辑的革命性

马克思在《资本论》第一卷第二版跋文中指出："辩证法，在其神秘形式上，成了德国的时髦东西，因为它似乎使现存事物显得光彩。辩证法，在其合理形态上，引起资产阶级及其空论主义的代言人的恼怒和恐怖，因为辩证法在对现存事物的肯定的理解中同时包含对现存事物的否定的理解，即对现存事物的必然灭亡的理解；辩证法对每一种既成的形式都是从不断的运动中，因而也是从它的暂时性方面去理解；辩证法不崇拜任何东西，按其本质来说，它是批判的和革命的。"[1]虽然马克思在实践的基础上实现了哲学的革命，把黑格尔的辩证法从抽象的绝对精神中拯救出来，并把这一思想运用于分析资本主义及其特有的运动规律，解答了"历史之谜"，指明了人类解放的现实路径，但是马克思对于辩证法的专门论述并不多见。这是马克思专门说明辩证法实质的非常精彩的论述片段，也给我们提供了理解马克思主义理论和共产主义运动的"金钥匙"。

---

[1] 马克思：《资本论（纪念版）》第一卷，人民出版社2018年版，第22页。

一、辩证法揭示了所有客观事物存在的条件性

传统的形而上学观念,基于经验世界和理念世界的彼此二分和绝对对立,认为在变动不居的现象中无法获得对事物本质的认识,只能得到因人而异的不同意见,主张到事物的本质中去寻找永恒不变的绝对真理。这种本质主义的思维方式基于非此即彼的形式逻辑,以抽象的态度对待客观世界,把客观对象当作与时间无关的永恒性的终极存在来看待,必然走向唯心主义的理念论,要么以预成论的观念出发说明世界,要么以彼岸的玄想作为终极假设,最终必然导致神秘主义。辩证法是和形而上学相对立的一种思维方式,它破除了形而上学终极性存在的永恒真理观,科学揭示了客观存在的相对性、条件性和历史性的特点,所以说"辩证法不崇拜任何东西"①。

辩证法认为,万物皆流,无物常驻,所有经验世界的存在都是有条件的,都有其产生的前提,同样也都有其存在的界限,都是作为一定的过程而存在,也就是说都有一个产生、发展和灭亡的历史,世界不过是过程的集合体而已。正如恩格斯在《路德维希·费尔巴哈和德国古典哲学的终结》中所指出的:"这种辩证哲学推翻了一切关于最终的绝对真理和与之相应的绝对的人类状态的观念。在它面前,不存在任何最终的东西、绝对的东西、神圣的东西;它指出所有一切事物的暂时性;在它面前,除了生成和灭亡的不断过程、无止境地由低级上升到高级的不断过程,什么都不存在。"②

无论是理论认识、自然事物还是社会历史,都是如此,从来不存在绝对性的永恒存在和终极真理。从理论认识方面来说,并不存在放之四海

---

① 马克思:《资本论(纪念版)》第一卷,人民出版社2018年版,第22页。
② 《马克思恩格斯选集》第四卷,人民出版社2012年版,第223页。

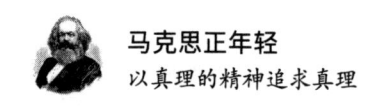

而皆准、永恒不变的终极真理。例如，作为欧氏几何基础的一系列公理，都是具有一定条件性的相对真理。以平行线公理为例，"两条平行线无限延长永不相交"这个结论是有前提的，即在同一平面的前提下是具有合理性的；也是有界限的，即在同一平面的界限内是有效的。其真理性的条件是同一平面范围，超越了这个条件就失去了真理性。

在自然领域同样如此。例如，赫拉克利特说，"人不能两次踏进同一条河流"，因为所有的客观事物都是在时间中不断展开着的存在，也必然会随着时间的流逝而不断变化。所有现存的客观事物在产生之前是不存在的，因为从时间性上来讲，其不具备存在的前提条件，所有的既成事物都是最终要毁灭的，必然会超出自己存在的界限，因此，所有的客观事物都只是具备历史的合理性，是有条件的历史性存在，不存在永恒的事物。

人类历史也是如此。每一个历史阶段都是在既有的前提下生成，也必然会随着历史的发展超越自己存在的界限，最终丧失存在的条件而走向灭亡。正如马克思在《〈政治经济学批判〉序言》中所指出的："无论哪一个社会形态，在它所能容纳的全部生产力发挥出来以前，是决不会灭亡的；而新的更高的生产关系，在它的物质存在条件在旧社会的胎胞里成熟以前，是决不会出现的。所以人类始终只提出自己能够解决的任务，因为只要仔细考察就可以发现，任务本身，只有在解决它的物质条件已经存在或者至少是在生成过程中的时候，才会产生。"[①] 一个事物逻辑展开的过程就是自我否定的过程，正如赫拉克利特所说："上升的路和下降的路是同一条路。"

根据辩证法的批判性本质，我们必须清醒地认识到中国特色社会主义的历史条件性，一切从实际出发，实事求是地谋划和推动中国特色社会主义伟大事业。党的十九大报告指出："我国社会主要矛盾的变化，没有

---

① 《马克思恩格斯文集》第二卷，人民出版社2009年版，第592页。

改变我们对我国社会主义所处历史阶段的判断，我国仍处于并将长期处于社会主义初级阶段的基本国情没有变，我国是世界最大发展中国家的国际地位没有变。"① 这就要求我们必须时刻牢记我国仍处于并将长期处于社会主义初级阶段，我国仍然是世界上最大的发展中国家，党和国家的一切工作都必须牢牢把握社会主义初级阶段这个基本国情，牢牢立足社会主义初级阶段这个最大实际，而不能超越这个阶段。

二、辩证法阐明了事物发展永无止境的过程性

马克思指出："辩证法在对现存事物的肯定的理解中同时包含对现存事物的否定的理解，即对现存事物的必然灭亡的理解。"② 相对于形而上学的固定的僵化的思维方式，辩证法指明了现存事物的自我否定、不断革命、超越自身的革命逻辑。辩证法的这种革命性，实质上是一种范式转换，新的范式能够容纳和保存旧的范式运动中的所有积极成果，其中蕴含着不断发展的进步的历史过程。

形而上学的思维方式基于彼此二分、绝对对立的世界观，不可能容忍"对现存事物的肯定的理解中同时包含对现存事物的否定的理解"，当然也就不可能接受革命性的辩证法逻辑。对于形而上学思维方式的局限性，恩格斯指出："在形而上学者看来，事物及其在思想上的反映即概念，是孤立的、应当逐个地和分别地加以考察的、固定的、僵硬的、一成不变的研究对象。他们在绝对不相容的对立中思维；他们的说法是：'是就是，不是就不是；除此以外，都是鬼话。'"③ 因此，形而上学的思维方式

---

① 《习近平著作选读》第二卷，人民出版社 2023 年版，第 10 页。
② 马克思：《资本论（纪念版）》第一卷，人民出版社 2018 年版，第 22 页。
③ 《马克思恩格斯选集》第三卷，人民出版社 2012 年版，第 396 页。

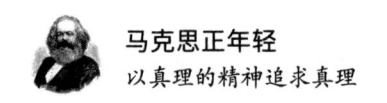

如果对一个僵化静止不变的事物进行分析，也许还能够发挥其本质主义追问方式的功能，但是想要对一个不断处于运动变化过程的客观世界给出合理的解释和说明，很显然是无能为力的。

正如恩格斯所指出的："形而上学的思维方式，虽然在依对象的性质而展开的各个领域中是合理的，甚至必要的，可是它每一次迟早都要达到一个界限，一超过这个界限，它就会变成片面的、狭隘的、抽象的，并且陷入无法解决的矛盾，因为它看到一个一个的事物，忘记它们互相间的联系；看到它们的存在，忘记它们的生成和消逝；看到它们的静止，忘记它们的运动。"[①] 恰恰相反，辩证法批判本质，深刻揭示了所有客观事物存在的历史性和条件性，也就内在蕴含着其存在的有限性和条件性，在自我肯定的同时也进行着自我否定，一旦超越了自身存在条件的界限，就必然彻底自我否定和自我革命，上升到一个更高的阶段，呈现为一个不断发展的过程。

在理论领域是如此。托马斯·库恩在《科学革命的结构》一书中以范式理论说明了科学革命的逻辑，认为范式就是在一定时期内规定着科学发展的范围与方向的基本思维方式，在范式之内科学家们可以不断地丰富和完善理论体系，解决难题或消除疑点，但是，随着观察与实验的深入，科学研究必须不断地揭示意料之外的新现象，逐渐发现原有范式解决不了的难题，旧的科学体系就必然通过范式转换实现科学的革命。例如，欧式几何从古希腊时代一直被认为具有真理性，但是遇到了不断涌现的曲面问题，平行线公理和其他公理就失去了真理性。后来有了黎曼几何、罗氏几何等非欧几何的科学革命，对欧氏几何进行了范式转换。这种范式转换并不是抛弃了欧氏几何所有的成果，而是把欧氏几何作为自己的一个特例得以保

---

① 《马克思恩格斯全集》第二十五卷，人民出版社 2001 年版，第 388 页。

留，即在同一平面的条件下非欧几何就等同于欧式几何。换句话说，欧式几何成为非欧几何在同一平面条件下的特殊情况。非欧几何能够解释和说明欧式几何的所有问题，欧氏几何只能部分解释和说明非欧几何的问题，从这个意义上来说，非欧几何对欧氏几何实现了革命。

在社会历史领域也是如此。例如，工资作为可变资本是用来购买劳动力的那部分资本，以换取劳动力可以创造剩余劳动的使用价值。工人之所以能够得到工资用于购买生活资料维持自身的生存，就是因为他的劳动能够为资本增值作出贡献。如果遇到了经济危机、工厂破产、工人失业，那么按照资本的逻辑，工人没有成为雇佣工人，不提供创造剩余劳动的使用价值，是不是就不该获得生活资料呢？但是，如果工人不能获得生活资料，那么后果是什么呢？一方面，资产阶级无法保持社会稳定和维持自己的阶级统治；另一方面，没有消费就没有生产，资本通过不断生产榨取剩余价值的增值的需要就不能得到满足和维持。资本主义为了肯定资本逻辑的存在，就不得不引进自己的对立面，如救济制度或者其他的福利安排，这些显然具有了社会主义性质。资本正是通过自我否定，才可以不断自我肯定。但是，资本主义每一次为了肯定自己都不得不进一步否定自己，不断容纳自己的否定因素，这样最终的结果必然如《共产党宣言》所指出的："资产阶级的灭亡和无产阶级的胜利是同样不可避免的。"[1] 也正是从这个意义上，马克思在《1844年经济学哲学手稿》中指出："自我异化的扬弃同自我异化走的是同一条道路。"[2]

真正把握了唯物史观的历史辩证法，我们就能从历史科学的高度坚定理想信念，坚定中国特色社会主义道路自信、理论自信、制度自信、文化自信，不断通过自我革命推动社会革命，使中国特色社会主义道路越

---

[1] 马克思、恩格斯：《共产党宣言》，人民出版社2018年版，第40页。
[2] 《马克思恩格斯文集》第一卷，人民出版社2009年版，第182页。

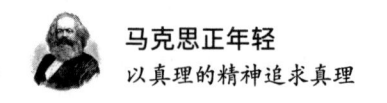

走越宽广。

三、辩证法指明了人类解放历史运动的现实性

马克思在《关于费尔巴哈的提纲》中指出:"从前的一切唯物主义(包括费尔巴哈的唯物主义)的主要缺点是:对对象、现实、感性,只是从客体的或者直观的形式去理解,而不是把它们当做感性的人的活动,当做实践去理解,不是从主体方面去理解。因此,和唯物主义相反,唯心主义却把能动的方面抽象地发展了,当然,唯心主义是不知道现实的、感性的活动本身的。"费尔巴哈"在《基督教的本质》中仅仅把理论的活动看做是真正人的活动,而对于实践则只是从它的卑污的犹太人的表现形式去理解和确定。因此,他不了解'革命的'、'实践批判的'活动的意义"。[①]马克思的这一经典论断既是对一切旧唯物主义、唯心主义和形而上学的批判,也阐明了唯物辩证法的实践本质。实践的观点是马克思主义哲学首要的、基本的观点。正是基于实践范畴,马克思实现了自然主义和人道主义、自然观和历史观、唯物主义和辩证法的内在统一,从而超越了包括费尔巴哈在内的旧唯物主义和黑格尔的概念辩证法,实现了哲学的革命。

历史是在自我批判和自我革命的辩证法中不断自我展开和自我生成的过程。整个人类社会历史不过是在生产力和生产关系的交互作用中,在人与自然的矛盾和人与人的矛盾的斗争中,不断通过创造性的历史实践而自我诞生和不断生成的过程。正如马克思、恩格斯在《德意志意识形态》中所指出的:"历史不外是各个世代的依次交替。每一代都利用以前各代遗留下来的材料、资金和生产力;由于这个缘故,每一代一方面在

---

① 《马克思恩格斯选集》第一卷,人民出版社2012年版,第133页。

完全改变了的环境下继续从事所继承的活动,另一方面又通过完全改变了的活动来变更旧的环境。"① 人们通过实践不断创生着人与自然的关系,同时也创生着人和人的关系,正是在生产力和生产关系、经济基础和上层建筑的辩证运动中,不断实现着自我革命和社会革命,在批判旧世界中发现新世界,走向自由人的联合体。

共产主义作为人类解放的历史运动,充分体现了辩证法的实践本质。正如马克思、恩格斯在《德意志意识形态》中所指出的:"实际上,而且对实践的唯物主义者即共产主义者来说,全部问题都在于使现存世界革命化,实际地反对并改变现存的事物。"② 共产主义就是实践唯物主义,指明了人类解放的现实路径和历史道路,从而超越了空想社会主义的虚幻性和概念辩证法的封闭性,破除了"历史终结论"。按照辩证法的逻辑,"历史同认识一样,永远不会在人类的一种完美的理想状态中最终结束;完美的社会、完美的'国家'是只有在幻想中才能存在的东西"③。因此,"共产主义对我们来说不是应当确立的状况,不是现实应当与之相适应的理想。我们所称为共产主义的是那种消灭现存状况的现实的运动。这个运动的条件是由现有的前提产生的"④。

可见,人类解放是一个按照辩证法不断自我批判和自我革命的历史过程,不要寄希望于毕其功于一役,也不要认为人类解放是遥不可及、虚无缥缈的乌托邦式幻想。正是在不断的革命性实践中,人类不断从必然王国走向自由王国,这正是共产党人所肩负的历史使命。作为共产主义运动的一个组成部分,中国特色社会主义事业同样要立足于我国实际,诉诸革命性的实践,不断开辟新境界。

---

① 《马克思恩格斯选集》第一卷,人民出版社 2012 年版,第 168 页。
② 《马克思恩格斯选集》第一卷,人民出版社 2012 年版,第 155 页。
③ 《马克思恩格斯文集》第四卷,人民出版社 2009 年版,第 270 页。
④ 《马克思恩格斯选集》第一卷,人民出版社 2012 年版,第 166 页。

第五章　理论品格的实践性

习近平总书记在纪念马克思诞辰 200 周年大会上的讲话中指出:"马克思主义是实践的理论,指引着人民改造世界的行动。马克思说,'全部社会生活在本质上是实践的','哲学家们只是用不同的方式解释世界,问题在于改变世界'。实践的观点、生活的观点是马克思主义认识论的基本观点,实践性是马克思主义理论区别于其他理论的显著特征。马克思主义不是书斋里的学问,而是为了改变人民历史命运而创立的,是在人民求解放的实践中形成的,也是在人民求解放的实践中丰富和发展的,为人民认识世界、改造世界提供了强大精神力量。"[①] 实践性是马克思主义实现哲学革命的逻辑起点,也是马克思主义固有的理论品格,在实践基础上的理论创新,是保持马克思主义生命力的根本途径。在实践的基础上用发展的马克思主义指导新的实践,是我们在新的伟大斗争中赢得胜利的必然要求。

一、实践的观点是马克思主义哲学首要的、基本的观点

我们知道,哲学是在人类实践活动的基础上产生的,产生以后对实践也具有反作用,即改变世界的作用。但马克思之前的大多数哲学家都是

---

① 习近平:《论中国共产党历史》,中央文献出版社 2021 年版,第 198 页。

轻视实践、脱离实践的,认为哲学历来只是书斋里和学院里的东西。他们不知道哲学的实践意义,不把哲学自觉地用来指导自己的实践活动。马克思、恩格斯自称"实践的唯物主义者",以区别于脱离实践的、停留于理论的旧唯物主义者,因此,他们的哲学也可称为"实践的唯物主义"。实践性是马克思主义哲学区别于其他哲学的基本特点之一。因此,马克思主义哲学不是远离社会生活和脱离社会实践的书斋理论,而是深深地植根于实践、服务于实践又在实践中不断发展的活生生的理论。它在指导无产阶级革命实践的过程中实现自己的历史使命,又在这种实践的过程中使自身不断经受检验,获得丰富和发展。也正是在这个意义上,马克思、恩格斯多次指出,他们的理论不是教条,而是行动的指南;对他们理论中一般原理的实际运用"随时随地都要以当时的历史条件为转移"①。列宁也指出,马克思的理论"所提供的只是总的指导原理,而这些原理的应用具体地说,在英国不同于法国,在法国不同于德国,在德国又不同于俄国"②。这些论述告诉我们,马克思主义学说始终严格地以客观事实为根据,而实际生活总是在不停的变动之中。马克思主义的这种实践性特点,从根本上决定了它与社会现实生活、与广大人民群众的社会实践以及与具体的时代条件的紧密联系,决定了它的不竭的创造活力和蓬勃生机。

二、马克思主义在实践范畴的基础上实现了哲学革命

马克思主义哲学的革命性变革是基于对西方哲学传统的形而上学的扬

---

① 《马克思恩格斯选集》第一卷,人民出版社2012年版,第376页。
② 《列宁选集》第一卷,人民出版社2012年版,第274—275页。

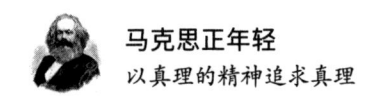

弃。西方哲学起源于古希腊哲学对世界的二元分立以及非此即彼的思维方式，即二值逻辑的传统。根据柏拉图的理念论，经验世界是感性的、变化的、不真实的世界，理念世界是超感性的、不变的、真实的世界。这就造成了经验世界与理念世界之间的矛盾、经验事实与理念价值之间的矛盾。

这个矛盾一直贯穿着马克思之前的整个西方哲学发展史。他们根据二值逻辑的思维方式，在此岸的经验世界和彼岸的理念世界之间划了一道鸿沟，二者永远不能逾越。执着于此岸的哲学只承认经验，认为经验之外没有真理。执着于彼岸的哲学只承认理念，认为理念之外都是假象。这就导致了西方哲学史上两个相互对立的认识论流派：经验论和唯理论。事实和价值的矛盾在认识论范围内就成为二值逻辑自身根本无法解决的内在矛盾。

笛卡儿和康德都试图解决这一问题，但是由于他们并没有找到能够沟通事实与价值之间的桥梁，最终走向了二元论。笛卡儿把世界划分为实体和心灵，但是如何解决二者之间的矛盾，最后不得不在实体和心灵之上搬出了上帝。康德看到了经验世界中有限与无限、自由与必然的矛盾，并把它们归结为人类认识活动无法解决的二律背反。康德不得不将有限的现象世界归于知识，将无限的自在世界划为信仰，被分裂的现象界与物自体之间的矛盾仍然被搁置。

马克思正是引入了作为感性活动的实践范畴，在事实和价值之间构建了一座彼此沟通的桥梁，从而在根本上解决了一直困扰西方哲学的难题，实现了哲学的革命。实践作为一种合规律性与合目的性相统一的人类社会活动，就是一个从此岸走向彼岸、从事实走向价值、从经验走向理念的主体性活动，是通过对"实有"的现存性否定走向对"应有"的现实性肯定的过程，其内在蕴含着马克思主义的科学性和价值性的统一，实现了"真"和"善"的实践性统一。

三、实践性特点决定了马克思主义理论必须同实践相统一

脱离了实践的理论是空洞的理论，脱离了理论的实践是盲目的实践。理论是从实践中产生的，理论是否正确还要接受实践检验并要在实践中得到丰富和发展；同时，理论只有与实际紧密联系，才能发挥对实践的指导作用，实现自身的价值和意义。理论如果脱离了实际，就会成为僵化的教条，就会失去其活力与生命力。理论家如果脱离了社会实践，只是从书本上来到书本上去，就会成为空洞的理论家，而不可能成为党和人民所要求的真正的理论家。

党和人民希望我们的理论工作者能够对当今中国和世界的经济、政治、文化、社会、生态等领域的重大问题给予科学的理论说明，能够提供解决问题的正确方案，真正成为理论联系实际的理论家。例如，对待马克思主义经典著作和世界社会主义运动的历史经验，要坚持学习和运用，但决不能脱离中国具体实际而盲目照抄照搬。马克思主义为我们的革命、建设、改革的实践指明了方向，但是并没有也不可能提供具体的解决我国现实问题的方案，因此，我们必须把马克思主义的一般原理和本国的具体实践相结合，不断把马克思主义中国化、时代化和大众化。正如习近平同志所指出的，"中国共产党是高度重视理论指导、不断推进马克思主义中国化、善于进行理论创新的党。这里所说的马克思主义中国化，就是把马克思主义基本原理同中国具体实际和时代特征结合起来，运用马克思主义的立场、观点、方法研究和解决中国革命、建设、改革中的实际问题，坚持和发展马克思主义"[①]。

---

① 《十七大以来重要文献选编》（上），中央文献出版社2009年版，第241页。

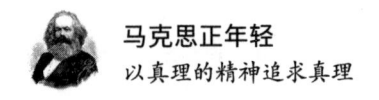

马克思正年轻
以真理的精神追求真理

中国特色社会主义要前进，社会主义现代化建设要加快，我们就不能把书本上的个别论断当作束缚自己思想和手脚的教条，而要适应国内外形势新变化、顺应人民新期待，大胆探索，勇于开拓，积极吸收和借鉴人类社会创造的一切文明成果，坚决破除一切妨碍推进中国式现代化的思想观念和体制机制弊端，在理论和实践相统一的基础上不断进行理论创新和实践创新，在理论创新和实践创新的互动中不断开辟中国特色社会主义事业新局面。

第六章　理论体系的开放性

习近平总书记在纪念马克思诞辰200周年大会上的讲话中指出："马克思主义是不断发展的开放的理论，始终站在时代前沿。马克思一再告诫人们，马克思主义理论不是教条，而是行动指南，必须随着实践的变化而发展。一部马克思主义发展史就是马克思、恩格斯以及他们的后继者们不断根据时代、实践、认识发展而发展的历史，是不断吸收人类历史上一切优秀思想文化成果丰富自己的历史。因此，马克思主义能够永葆其美妙之青春，不断探索时代发展提出的新课题、回应人类社会面临的新挑战。"[1] 开放性是马克思主义固有的理论品格，在实践基础上的理论创新，是保持马克思主义开放性理论品格的根本途径，是坚持和发展中国特色社会主义的思想引领。用发展的马克思主义指导新的实践，也是我们党在新的伟大斗争中赢得胜利的必然要求。

一、开放性是马克思主义固有的理论品格

马克思主义是与时代共同发展的开放的理论体系，具有在实践中不断自我更新、自我完善的理论品质。也就是说，马克思主义是发展的，马

---

[1] 习近平：《论中国共产党历史》，中央文献出版社2021年版，第199页。

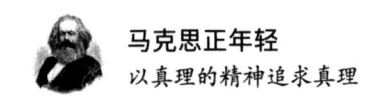

克思主义的一些具体结论要以时间、地点、条件为转移,随着时代和实践的发展变化用符合新的实际的结论取代旧的过时的结论。马克思主义哲学是马克思主义全部理论的基础,马克思主义哲学的本质特征是实践性和在实践基础上的科学性与革命性的统一。实践性决定了马克思主义必然随着人类社会的发展、科学技术的进步而不断发展,实践性也决定了马克思主义哲学的科学性和革命性。这一本质特征决定了马克思主义理论不是封闭的、僵化的、凝固不变的理论,而是开放的、发展的理论。恩格斯指出:"马克思的整个世界观不是教义,而是方法。它提供的不是现成的教条,而是进一步研究的出发点和供这种研究使用的方法。"[①]

首先,实践性是马克思主义哲学的一个基本特点,而实践性本身就要求马克思主义必须保持开放性的理论品格。马克思主义的这种实践性特点,从根本上决定了它与社会现实生活、与广大人民群众的社会实践以及与具体的时代条件的紧密联系,决定了它的不竭的创造活力和蓬勃生机,也就决定了它具有开放性的理论品格。

其次,唯物辩证法的革命性和批判性要求马克思主义必须保持开放性的理论品格。马克思主义哲学的革命性在于它不把任何现存事物看成永恒的、神圣的、不可侵犯的东西,不对任何迷信和谬误让步。唯物辩证法的本质是革命的和批判的。革命性、批判性是马克思主义开放性的内在动力,因为这种革命性和批判性不仅仅是针对别的理论或别的事物的,还是指向自身的,要求马克思主义理论自身也要接受现实的批判和实践的检验,保持开放性,不断与时俱进,随着实践的发展而不断发展。

最后,马克思主义的科学性是指它不仅仅是当时时代精神的体现,而且随着社会历史的发展在自我完善中不断正确揭示与反映客观事物,这

---

① 《马克思恩格斯选集》第四卷,人民出版社 2012 年版,第 664 页。

就要求马克思主义必须保持开放性的理论品格。马克思主义反对用僵化的教条主义对待历史和生活实践。真理是绝对的，又是相对的。真理的绝对性决定了真理和谬误的本质区别，真理的相对性又说明了真理是具体的、有条件的，根本不存在一劳永逸的终极性真理。这是由客观世界的辩证本性所决定的，一方面，客观世界是无限复杂的，不仅从广度上看它是无限的，而且从深度上看它也是无限的，这就决定了我们的具体的认识只能反映事物某些方面的本质，而不可能穷尽其所有本质；另一方面，整个客观世界又是无限发展的，而认识一旦形成又具有一定的稳定性，同时相对于客观事物而言也就具有了惰性，这就决定了我们的认识如果不发展就不能正确反映客观世界。

马克思主义并没有结束真理，而是开辟了通向真理的道路。也正是在这个意义上，恩格斯明确指出，唯物主义要根据自然科学的发展不断改变自己的形式。

二、马克思主义史就是一部开放发展史

马克思主义的产生是人类思想史上最伟大的变革，也是人类社会史上的一次最伟大的思想解放。马克思、恩格斯创立马克思主义，是突破前人的伟大创举。马克思、恩格斯吸收了德国古典哲学、英国古典政治经济学和欧洲三大空想社会主义学说的合理内核，又突破了它们时代的、阶级的局限，立足于他们那个时代，立足于当时的国际大局，创立了马克思主义。马克思主义作为无产阶级的革命科学，从人类社会必将进入共产主义、全人类的解放最终必将成为现实的广阔视野观察世界、认识世界、发现世界，全面提出和论述了无产阶级革命问题。马克思、恩格斯继承和总结了世界历史一切革命理论的有益成果并敢于突破前人，不

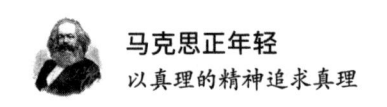

断观察世界各国经济和社会的发展状况，关注世界各国的无产阶级运动，并及时分析世界经济和社会发展的新情况，科学地总结世界无产阶级革命斗争的新经验，不断丰富、发展马克思主义。开放性成为马克思主义的一条基本原则，也是一切真正马克思主义者的特有品格。

首先，马克思、恩格斯坚持马克思主义的开放性，不断审视和批判自己的观点，超越和发展自己的理论，使马克思主义不断完善。恩格斯明确提出："所谓'社会主义社会'不是一种一成不变的东西，而应当和任何其他社会制度一样，把它看成是经常变化和改革的社会。"①《共产党宣言》是马克思主义的奠基之作，但是，马克思、恩格斯并不认为这一著作中的论断是一成不变的，随着实践和形势的发展，他们一旦发现有的论断已经"过时"，就会利用再版的机会及时修改和丰富原来的认识。1848年，《共产党宣言》出版，在以后的几十年中，马克思、恩格斯为它的不同版本写了多篇序言，在序言中对《共产党宣言》加以说明、订正或补充，使之更加完善。马克思、恩格斯在为《共产党宣言》德文版作序时说，由于时代的变迁和实践的发展，《共产党宣言》中的一些观点、一些论述"是不完全的"，有的"已经过时了"，如果可以重写，"许多方面都会有不同的写法"。②他们不固守自己的旧观点，随着时代的发展纠正自己的观点，在此后再版的《共产党宣言》的序言中几次对自己的旧观点进行了纠正。正如恩格斯所强调的："我们的理论是发展着的理论，而不是必须背得烂熟并机械地加以重复的教条。"③"认为人们可以到马克思的著作中去找一些不变的、现成的、永远适用的定义"④是一种"误解"。马克思、恩格斯时时在关注实践变化、不断修正自己理论的同时，

---

① 《马克思恩格斯选集》第四卷，人民出版社2012年版，第601页。
② 《马克思恩格斯选集》第一卷，人民出版社2012年版，第377页。
③ 《马克思恩格斯选集》第四卷，人民出版社2012年版，第588页。
④ 《马克思恩格斯文集》第七卷，人民出版社2009年版，第17页。

还满怀信心寄希望于未来的马克思主义者发展自己创立的学说。

其次，列宁坚持马克思主义的开放性，从多方面补充、发展了马克思主义，把马克思主义推进到了列宁主义新阶段。例如，列宁用"首先胜利论"发展了马克思、恩格斯的"共同胜利论"，并在实践中取得了十月革命的胜利。再如，列宁在领导无产阶级革命和社会主义建设中，在同国际资产阶级和第二国际机会主义的斗争中，没有拘泥于马克思、恩格斯某个阶段的具体论断，而是从新的历史情况出发，提出了社会主义可以首先在一国取得胜利的理论，并领导了伟大的十月革命，创立了世界上第一个社会主义国家。又如，列宁在马克思、恩格斯对资本主义论述的基础上，揭示了自由资本主义发展到垄断资本主义即帝国主义阶段的本质。列宁的《帝国主义是资本主义的最高阶段》在马克思《资本论》对资本主义所作的科学研究的基础上，深刻地分析了帝国主义的本质、特征和基本矛盾，揭示了帝国主义产生、发展和必然灭亡的客观规律，批判了考茨基的"超帝国主义论"等谬论。如果说《资本论》是研究自由竞争阶段资本主义的重要经典著作，那么《帝国主义是资本主义的最高阶段》则是研究垄断阶段资本主义的重要经典著作。

最后，中国共产党坚持马克思主义的开放性，把马克思主义基本原理同中国具体实际相结合，实现了马克思主义的中国化时代化，不断把中国革命、建设和改革的事业推向前进。从一定意义上说，我们党的事业发展的历史，就是一部不断坚持马克思主义的开放性、保持与时俱进的历史。我们坚持马克思主义的开放性、保持与时俱进，才实现了马克思主义基本原理同中国实际的第一次结合，创立了毛泽东思想。以毛泽东思想的确立为标志，中国共产党把马克思主义的普遍原理同中国革命的具体实际相结合，实现了马克思主义中国化，为新民主主义革命的胜利奠定了科学的思想理论基础，开创了中国特色革命道路，成立了中华人

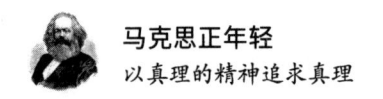

民共和国。在毛泽东思想指引下,中国共产党领导全国各族人民完成新民主主义革命和社会主义革命,确立了社会主义基本制度,完成了中华民族有史以来最为广泛而深刻的社会变革,为当代中国社会的发展进步奠定了根本政治前提和制度基础。党的十一届三中全会以后,以邓小平同志为主要代表的中国共产党人带领全党全国各族人民深刻总结我国社会主义建设正反两方面经验,借鉴世界社会主义历史经验,作出把党和国家工作中心转移到经济建设上来、实行改革开放的历史性决策,深刻揭示社会主义本质,确立社会主义初级阶段基本路线,明确提出走自己的路、建设中国特色社会主义,科学回答了建设中国特色社会主义的一系列基本问题,成功开创了中国特色社会主义。进入新世纪,中国共产党人面对新的时代课题,不断在实践基础上进行理论创新,在科学回答"什么是社会主义、怎样建设社会主义"的基础上,进一步回答了"建设什么样的党、怎样建设党"以及"实现什么样的发展、怎样发展"等重大问题,不断续写着中国特色社会主义的伟大篇章。党的十八大以来,以习近平同志为核心的党中央团结带领全党全国各族人民谱写中国特色社会主义新篇章,举旗定向,谋篇布局,围绕改革发展稳定、内政外交国防、治党治国治军,提出了治国理政的新理念新思想新战略,从理论和实践结合上深刻回答了新时代坚持和发展什么样的中国特色社会主义、怎样坚持和发展中国特色社会主义,建设什么样的社会主义现代化强国、怎样建设社会主义现代化强国,建设什么样的长期执政的马克思主义政党、怎样建设长期执政的马克思主义政党等重大时代课题,坚持以马克思列宁主义、毛泽东思想、邓小平理论、"三个代表"重要思想、科学发展观为指导,坚持解放思想、实事求是、与时俱进、求真务实,坚持辩证唯物主义和历史唯物主义,紧密结合新的时代条件和实践要求,以全新的视野深化对共产党执政规律、社会主义建设规律、人类社会发展规律的认识,进行艰辛理论探索,取得重大理论创新成果,创立了习近平新时代中国特色社会主义思想,实现中华民族伟大复兴进入了不可逆转的历史进程。

历史证明,什么时候我们坚持了马克思主义的开放性,用发展着的马克思主义指导新的实践,我们的事业就会取得成功,否则,我们的事业就会遇到挫折,越是在党的事业发展的关键时期,越是需要坚持马克思主义的开放性。实践没有止境,创新也没有止境。我们要突破前人,后人也必然会突破我们,这是社会前进的必然规律。我们一定要适应实践的发展,在坚持马克思主义基本原理的基础上谱写新的理论篇章,善于在解放思想中统一思想,用发展着的马克思主义指导新的实践。

三、在开放性的基础上坚定理论自信

我们党必须高度重视理论的作用,增强理论自信和战略定力,对经过反复实践和比较得出的正确理论,要坚定不移坚持。实践是理论的来源,是理论的出发点和归宿,这是马克思主义的基本观点之一。理论只有来自实践又指导实践,同时又经受了社会实践的检验,才能称为正确理论。马克思主义是经过实践反复检验证明了的颠扑不破的真理,充分体现了科学性与价值性的统一。

我们坚持和发展了马克思主义,形成和确立了正确的思想路线,将马克思主义基本原理同中国具体实际相结合、同中华优秀传统文化相结合,不断探索和创新,为改革开放提供了体现时代性、把握规律性、富于创造性的理论指导。在正确思想路线的指引下,我们开辟了中国特色社会主义道路,形成了中国特色社会主义理论体系。对于马克思主义,我们必须理直气壮地坚持,要具有理论自信。正如习近平总书记所指出的:

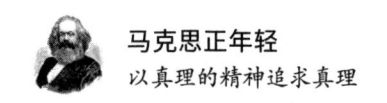

马克思正年轻
以真理的精神追求真理

"对马克思主义的信仰,对社会主义和共产主义的信念,是共产党人的政治灵魂,是共产党人经受住任何考验的精神支柱。"①邓小平指出:"我们搞改革开放……没有丢马克思,没有丢列宁,也没有丢毛泽东。老祖宗不能丢啊!"②习近平总书记反复强调,中国特色社会主义是社会主义而不是其他什么主义,科学社会主义基本原则不能丢,丢了就不是社会主义。中国特色社会主义既没有封闭僵化,也没有改旗易帜,而是始终坚持"老祖宗不能丢",以马克思主义为基础,既坚持了科学社会主义基本原则,又根据时代条件赋予其鲜明的中国特色,以全新的视野深刻揭示了社会主义本质,开创了以经济建设为中心和以改革开放为标志的历史新时期,使社会主义在中国显示出蓬勃生机和巨大活力。

改革开放以来的实践无可辩驳地证明,中国特色社会主义是当代中国发展进步的根本方向,只有中国特色社会主义才能发展中国。我们党要团结带领全国各族人民全面建成社会主义现代化强国、实现第二个百年奋斗目标,以中国式现代化全面推进中华民族伟大复兴,最根本的就是要不为任何风险所惧,不为任何干扰所惑,一以贯之地高举中国特色社会主义伟大旗帜,坚持和拓展中国特色社会主义道路,坚持和丰富中国特色社会主义理论体系,坚持和完善中国特色社会主义制度,决不走封闭僵化的老路,也不走改旗易帜的邪路。在坚持和发展中国特色社会主义这个问题上,我们必须增强理论自信和战略定力,真正做到"千磨万击还坚劲,任尔东西南北风"。

时代是思想之母,实践是理论之源。在新时代新征程上,我们要进行伟大斗争、建设伟大工程、推进伟大事业、实现伟大梦想,仍然需要保持和发扬马克思主义开放性的理论品格,勇于推进实践基础上的理论创

---

① 《习近平关于依规治党论述摘编》,中央文献出版社2022年版,第175页。
② 《邓小平文选》第三卷,人民出版社1993年版,第369页。

新。我们要在迅速变化的时代中赢得主动，要在新的伟大斗争中赢得胜利，就要在坚持马克思主义基本原理的基础上，以更宽广的视野、更长远的眼光来思考和把握国家未来发展面临的一系列重大战略问题，在理论上不断拓展新视野、作出新概括。

  党和人民的实践是不断前进的，指导这种实践的理论也要不断前进。发展中国特色社会主义是一项长期历史任务，我们一定要以我国改革开放和现代化建设的实际问题为中心，着眼于马克思主义理论的运用，着眼于对实际问题的理论思考，着眼于新的实践和新的发展，要根据时代变化和实践发展，不断深化认识，不断总结经验，不断实现理论创新和实践创新良性互动，在这种统一和互动中不断推进马克思主义中国化时代化。

第七章　共产主义的现实性

实践的观点是我们理解把握马克思主义的关键,共产主义作为马克思所设想的人类社会存在的理想状态,同样体现出鲜明的实践向度。马克思、恩格斯在《德意志意识形态》中指出:"实际上,而且对实践的唯物主义者即共产主义者来说,全部问题都在于使现存世界革命化,实际地反对并改变现存的事物。"①在这里,马克思、恩格斯把"实践的唯物主义者"同"共产主义者"等同,说明他们理解的共产主义和实践密不可分。我们应当重视从实践的视角理解和把握共产主义,这不仅能够有效消解对共产主义本质进行形而上学追问而产生的逻辑悖论,而且能够更好地把握共产主义的实践辩证法,还有利于从实践视域说明中国道路的历史必然性。

一、对共产主义形而上学理解的局限性

长期以来,西方哲学延续着两千多年的形而上学传统,一个重要的特点就是执着于对事物进行本质主义的追问,试图用还原论的方式发掘事物的本质,并由本质出发认识、分析、规定和把握事物。受这种思维方

---

① 《马克思恩格斯选集》第一卷,人民出版社 2012 年版,第 155 页。

式的影响，一些人也对共产主义进行了形而上学式的本质主义追问，把共产主义作为一种僵死的教条、悬设的理想、彼岸的固有社会形态，或者简单用"土豆烧牛肉"、"大锅饭"、平均主义、计划经济等作为判断标准的固定认识模式看待共产主义。这些都背离了马克思主义的本真精神，无视马克思在实践基础上实现的存在论哲学革命，没有看到历史唯物主义是一种未来向度的、从历史生成的实践运动出发看待和理解人类社会的新的历史科学。与之相伴，也就产生了以下逻辑悖论：第一，共产主义理想与现实之间的鸿沟与矛盾；第二，对邓小平社会主义本质论的误读与困惑；第三，对社会主义与资本主义关系的困惑。

（一）共产主义理想与现实之间的鸿沟与矛盾

马克思在《〈政治经济学批判〉序言》中分析了四种类型的经济社会形态，认为"大体说来，亚细亚的、古希腊罗马的、封建的和现代资产阶级的生产方式可以看做是经济的社会形态演进的几个时代"。《共产党宣言》也指出："资产阶级的灭亡和无产阶级的胜利是同样不可避免的。"[①] 最终取代资本主义社会形态的必将是共产主义。

据此，本质主义者却把共产主义看作一种确定的社会形态，把共产主义当作一种具有规定性质的固定范畴，认为共产主义是人类社会的一个发展完成了的历史阶段且是最高阶段，是社会形态的最理想状态。但是，按照辩证法的逻辑，一切现存的都是不完美的，现实中不可能存在完美的、纯而又纯的事物；完美的只能是概念，只存在于理念世界之中。如此，本质主义者对共产主义的理解就面临着第一个判断：共产主义理想与现实之间存在着不可跨越的鸿沟与矛盾。

---

① 马克思、恩格斯：《共产党宣言》，人民出版社2018年版，第40页。

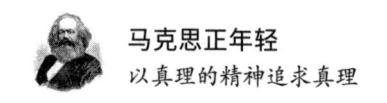

第一个问题：共产主义能否实现？如果共产主义只是完美的理想，那么共产主义就是乌托邦式的存在，既然如此，共产主义又能否成为现实？如果共产主义作为完美的理想不能成为现实，那么我们追求共产主义还有没有意义？

第二个问题：共产主义如果能够实现，实现以后会不会灭亡？在马克思主义看来，唯物辩证法作为万事万物遵循的根本逻辑，深刻揭示出任何现存的事物都是暂时的，现实世界不存在固定不变的事物，任何现存事物都处在生生灭灭的运动变化之中。如果共产主义能够实现，那么它是否会服从唯物辩证法的逻辑？如果服从唯物辩证法的逻辑，那么共产主义社会也是早晚会灭亡的吗？

如果我们仅仅从本质主义的角度来理解共产主义，那么共产主义理想与现实之间的矛盾就是不可调和的。但如果我们从实践的角度来理解共产主义，那么这个悖论就不复存在了。按照实践论的理解，共产主义的理想能够实现，而且正在实现着，就在不断改变现存社会状况的革命性实践过程中。对于这一问题，马克思、恩格斯有明确的回答："共产主义对我们来说不是应当确立的状况，不是现实应当与之相适应的理想。我们所称为共产主义的是那种消灭现存状况的现实的运动。这个运动的条件是由现有的前提产生的。"[1]因此，共产主义绝不应该仅仅被理解为一种固有属性、一种确定状态，更应该被理解为一种革命的、现实的实践运动。

（二）对邓小平社会主义本质论的误读与困惑

1992年，面对改革开放过程中我国社会存在的对姓"资"姓"社"

---

[1] 《马克思恩格斯选集》第一卷，人民出版社2012年版，第166页。

问题的争论，邓小平在南方谈话中明确提出："社会主义的本质，是解放生产力，发展生产力，消灭剥削，消除两极分化，最终达到共同富裕。"[①] 并把"三个有利于"即是否有利于发展社会主义社会的生产力、是否有利于增强社会主义国家的综合国力、是否有利于提高人民的生活水平，作为衡量一切工作是非得失的判断标准，来回应一些人对姓"资"姓"社"问题的争论和对中国特色社会主义社会性质的质疑。在一些本质主义者看来，邓小平社会主义本质论与马克思主义关于共产主义的思想是不一致的，既没有直接体现公有制和按需分配，也没有直接表达实现人的解放和自由全面发展的意思。但事实上，在邓小平社会主义本质论的指导下，我们创造性地推进中国特色社会主义事业的伟大征程，通过广泛发挥市场在资源配置中的积极作用，充分调动起一切积极因素，大力解放和发展生产力，使经济社会高速发展，人民生活水平也得到了显著提高，不断朝着实现共同富裕的目标迈进。事实有力证明着中国特色社会主义所具有的优越性。

由此便出现了第二个悖论：基于本质主义立场对共产主义的理解，无法充分说明中国特色社会主义的合理性，中国特色社会主义本质上究竟是不是社会主义？如果把"解放生产力，发展生产力"作为社会主义本质的一个固有规定方面，那么资本主义在历史上也曾经极大地推动了生产力的发展。"资产阶级在历史上曾经起过非常革命的作用"[②]，创造了前所未有的生产力水平。如果把"消灭剥削，消除两极分化"作为社会主义本质的一个固有规定方面，那么中国在改革开放的过程中一度拉大了收入差距，反而有些资本主义国家收入差距不是很大。从本质主义的视域来看，这就遇到了不可调和的逻辑矛盾。

---

① 《邓小平文选》第三卷，人民出版社1993年版，第373页。
② 马克思、恩格斯：《共产党宣言》，人民出版社2018年版，第30页。

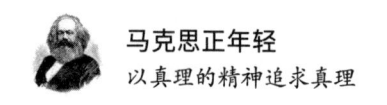

事实上，这种悖论来源于本质主义者对邓小平社会主义本质论的误读。邓小平社会主义本质论的根本思想，是要我们从现实的实践角度来理解。在邓小平看来，解放和发展生产力是实践，是基于生产力标准解决人与自然之间矛盾的历史实践，其出发点和落脚点都是人民。消灭剥削和消除两极分化也是实践，是基于公平正义标准解决人与人之间矛盾的历史实践，其目的是让人民群众共享改革发展成果，出发点和落脚点也都是人民，终极价值在于促进每个人的自由全面发展。最终达到共同富裕也是实践，是在生产力发展和不断改革的基础上共建共享改革发展成果的历史实践，终极价值在于实现普遍富裕和公平正义的社会理想。

如果基于实践向度理解社会主义本质论，我们可以清醒地看出其所体现的生产力标准与人的标准的统一、物的尺度与人的尺度的统一、合规律性与合目的性的统一，即在发展生产力的基础上让广大人民群众共享发展成果，为每个人的自由全面发展不断创造着历史条件。社会主义是一种历史实践，这既是社会主义不断发展和自我完善的一个过程，也是不断实现人民对美好生活的向往的一个过程。

（三）对社会主义与资本主义关系的困惑

在本质主义者看来，社会主义与资本主义具有截然对立的本质，它们之间应当是"井水不犯河水"的关系。因为本质主义从固有性质出发，认为社会主义和资本主义是性质完全不同，甚至始终相互对立的两样事物，二者不应该存在交集。但事实却是，全球范围内社会主义国家和资本主义国家长期共存，甚至有的地方二者已经出现了相互融合的趋势，资本主义国家在一定范围内存在着社会主义的成分，社会主义国家也积极借鉴资本主义中有利于自身发展的因素，社会主义和资本主义在现实中存在着你中有我、我中有你的复杂联系。这就是本质主义者面临的第三个判断：社会主义和资本主义会不会趋同？这是对社会主义与资本主义现实关系的困惑。

本真的马克思主义态度正是从实践的角度来理解和审视社会主义与资本主义的关系，马克思主义把从资本主义到社会主义的过渡视为一个过程，这个过程就是共产主义的实践运动。马克思在《哥达纲领批判》中明确提出，在资本主义和共产主义中间存在着一个过渡阶段，这个过渡阶段是一种社会转变时期。任何一种实践总要立足于一定的条件，也就是实践的出发点，从这个出发点出发就不可避免地带有出发点的因素，所以，共产主义的过渡阶段仍然存在着资本主义的因素，尚不是纯而又纯的共产主义，但这些因素和痕迹的存在仍然具备现实合理性。共产主义的过渡阶段正因为带有旧社会的痕迹而体现出现实的不完满性，而共产主义作为不断超越现存的实践运动，绝不把这种过渡阶段当作应然状态，而仅仅是当作暂时状态，必然会超越其不足，最终进入共产主义的高级阶段，到那时，共产主义的独特优势将得到充分彰显，"各尽所能""按需分配"的社会理想就将成为现实。

我们理解今天社会主义和资本主义的关系也同样如此，我们只有坚持实践论的观点，才能意识到当前的社会主义和资本主义社会状态只是实践过程中的一个阶段，当条件成熟时，应然的状态就会到来。

二、共产主义实践辩证法的存在论革命

马克思指出："哲学家们只是用不同的方式解释世界，问题在于改变世界。"[①] 这句话充分彰显了实践性在马克思主义中的重要地位，实践性是

---

① 《马克思恩格斯选集》第一卷，人民出版社 2012 年版，第 136 页。

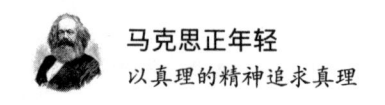

马克思实现存在论革命的逻辑起点，是马克思主义固有的理论品格。马克思存在论革命的根本逻辑是唯物辩证法。什么是唯物辩证法？在马克思看来，唯物辩证法就是革命和批判的运动，这种运动把一切现存都看作暂时的、肯定之中又包含否定的过程。在马克思那里，实践性、革命性、历史性、辩证法这几个概念都具有实践的向度，都是反映着不断生成的过程论。马克思的共产主义正是在存在论革命基础上、遵循实践辩证法逻辑的实践过程。

（一）马克思存在论革命对形而上学传统的超越

在马克思之前的西方哲学领域中，长期存在着形而上学的传统，这种传统割裂了主客体之间的联系，造成了主体与客体、事实与价值、有限与无限之间的二元对立；同时满足于对事物进行本质主义的还原和追问，忽视了事物存在的条件性和具体性，没有把事物放在运动变化的过程之中来理解和把握。

资本主义社会的建构原则其实就建立在这样的形而上学传统之上，其哲学基础正是黑格尔的理性主义原则。正是从这样的原则出发，资本主义抹杀一切具体的个性和差异性，对现实中的一切统统用本质主义进行抽象，只是考察其无差别的本质规定性方面，将定量分析方法彻底贯彻到社会生活中的方方面面，由此建立起抽象的物化的世界，万事万物都被抽象化、数量化和物化。按照资本的逻辑，人们对使用价值的需要和追求转化成为对价值的需要和追求。从一定意义上来说，人们对使用价值的需要是具有一定的边际效用的，在一定历史阶段对一定的人来讲是相对有限的需要，但是在理性主义原则支配下，科学的无限进步和资本的无限增值成为可能，按照资本逻辑，对价值追求即逐利具有了无限性，从而导致了一系列异化现象和进步强制问题。

马克思不满足于这样的状况，他通过实践观点实现了对形而上学传统的超越，完成了存在论革命。一方面，马克思认为，旧哲学的缺陷就集中于客体方面或者仅仅限于感性直观，缺失了对感性活动的关注，也就没有关注到实践，没有意识到实践才是感性的人的活动。马克思成功用实践架起主客体之间的桥梁。正是因为实践具有超越性和创造性的特征，实践成为从事实向价值、从有限向无限飞跃的过程，这样就实现了对西方形而上学哲学传统的超越。另一方面，实践是现实的人的活动，这也使人的主体性得到张扬，为下一步实现人的自由全面发展奠定了基础。由此，实践的观点也就成为马克思主义首要的和基本的观点。

（二）资本逻辑的批判及其历史限度

共产主义运动是对资本逻辑的批判和超越，马克思对资本逻辑的批判是建立在剩余价值理论基础之上的。马克思认为，资本家"不仅要生产使用价值，而且要生产商品，不仅要生产使用价值，而且要生产价值，不仅要生产价值，而且要生产剩余价值"[1]。马克思创造性地揭示了剩余价值的存在，也就发现了资本运动的决定性动机。作为资本人格化的资本家，通过雇用工人并占有工人的剩余劳动，逐步实现资本的增值和积累。

资本家之所以要占有劳动者的剩余价值，是因为其背后受到资本逻辑的支配。马克思认为，实现资本增值是资本主义生产方式的唯一目的，"生产剩余价值或赚钱，是这个生产方式的绝对规律"[2]。但在这一规律中蕴含着一对固有的矛盾，即生产社会化与生产资料私人占有之间的矛盾。资本积

---

[1] 马克思：《资本论（纪念版）》第一卷，人民出版社 2018 年版，第 217—218 页。
[2] 马克思：《资本论（纪念版）》第一卷，人民出版社 2018 年版，第 714 页。

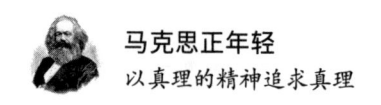

累会带来生产的扩大,资本积累的必然结果是社会财富集中到少数人手里,必然导致大多数人消费能力的下降。这样,社会有限的消费能力无法承担无限的生产,资本主义经济危机就将爆发,"一切现实的危机的最终原因,总是群众的贫穷和他们的消费受到限制,而与此相对比的是,资本主义生产竭力发展生产力,好像只有社会的绝对的消费能力才是生产力发展的界限"①。当资本主义危机积累到了一定的程度,资本逻辑所带来的生产关系就将成为生产力发展的阻碍力量,一场革命运动就不可避免地要爆发了,到那时,旧的所有制将灭亡,取而代之的将是新的更具先进性的所有制。

需要注意的是,共产主义对资本逻辑的批判和超越,并不是要消灭资本,而是要用另一种生产方式控制和使用资本。正如马克思、恩格斯所指出的:"在资产阶级社会里是过去支配现在,在共产主义社会里是现在支配过去。在资产阶级社会里,资本具有独立性和个性,而活动着的个人却没有独立性和个性。"②在资本占据主导的生产方式里,劳动者不掌握生产资料,因而无法抗衡资本的支配;但在共产主义社会中,联合起来的生产者共同占有生产资料,因而能够实现对资本的支配。共产主义实际上对资本逻辑进行了革命性超越,实现了一种范式的转化,用一种更高级的范式涵盖了资本,赋予资本超越增值目的的新的存在方式,从而具有了革命性的崭新意义。

(三)异化劳动的历史意义及其扬弃

马克思认为,在私有制条件下,人的劳动发生了异化,劳动不再是人的自由、自觉的活动,反而成为控制人的力量。异化劳动主要表现为四

---

① 《马克思恩格斯文集》第七卷,人民出版社 2009 年版,第 548 页。
② 《马克思恩格斯文集》第二卷,人民出版社 2009 年版,第 46 页。

种情形：劳动产品的异化、劳动活动的异化、人的类本质的异化、人与人的异化。马克思还指出，私有财产是导致异化劳动发生的根源，"私有财产是外化劳动即工人对自然界和对自身的外在关系的产物、结果和必然后果"[①]。

一方面，马克思承认了私有财产的积极意义，私有财产的出现能够极大满足人的需要；另一方面，马克思也看到了私有财产的消极意义，私有财产造成的异化产生了对人的统治。私有财产在发展的过程中同时也孕育着否定自己的力量，这是由其自身固有的矛盾所决定的。那么，私有财产的发展就必然带来共产主义运动的发生，这就为扬弃异化提供了现实的途径。因此，马克思深刻地指出："共产主义是对私有财产即人的自我异化的积极的扬弃，因而是通过人并且为了人而对人的本质的真正占有；因此，它是人向自身、也就是向社会的即合乎人性的人的复归，这种复归是完全的复归，是自觉实现并在以往发展的全部财富的范围内实现的复归。"[②]

在这里，马克思运用异化理论实现了对共产主义历史必然性的论证，我们只有从实践的视角出发才能理解这种必然性。所谓实践的过程，正是人通过否定的否定而自我肯定的过程。人只有通过对异化劳动和私有财产的扬弃，在保留已有积极成果的基础上否定其消极的方面，才能确证自身的本质，而共产主义正是这一扬弃的运动，具有内在的历史必然性。

（四）人的自由全面发展的历史运动

共产主义是"自由人的联合体"，因而共产主义的价值追求正是实现

[①] 《马克思恩格斯全集》第三卷，人民出版社2002年版，第277页。
[②] 《马克思恩格斯文集》第一卷，人民出版社2009年版，第185页。

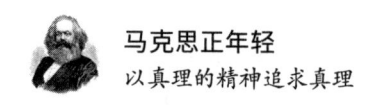

人的自由全面发展。从实践角度来说，共产主义正是实现人的自由全面发展的历史运动。在共产主义运动中，人不断趋近于自由全面发展的价值目标。马克思把人的发展分为三个阶段：第一个阶段是"人的依赖关系"，在这一阶段，生产力水平较低，人的生存就必须建立在一定地理范围内的人与人之间的依赖关系上才得以可能；第二个阶段是"以物的依赖性为基础的人的独立性"，这一阶段相较于前一阶段已取得了相当大的历史性进步，但在这一阶段，物的关系取代了人的关系，一切都被物化，人的独立性的取得必须建立在物的支配地位基础上才能实现；第三个阶段是"自由个性"的阶段，这就是最高阶段和最理想阶段，在这一阶段人才能真正支配起一切社会财富，实现真正的人的自由，当然这一阶段必须建立在前一阶段基础之上。

人的发展的三个阶段是一个连贯的过程，我们必须充分认识到其中的关联关系，不能孤立地看待。实现人的自由个性是共产主义运动的最终目标。人的自由个性主要是指人从外在的依赖关系中解放出来，不论是"人的依赖"还是"物的依赖"，作为形式不同的依赖关系对人来说都是异己的力量，是控制人的力量，都使人无法实现自由全面发展。从实践辩证法的角度来说，"物的依赖"形式是对"人的依赖"形式的否定与进步，但这种物的依赖关系是与人本身相对立的，正是这种矛盾的存在使"物的依赖"形式不可能长久保持，而新的形式的因素正在旧的形式之中孕育，当发展的条件成熟时，自由个性的阶段就会到来。

马克思、恩格斯指出："在真正的共同体的条件下，各个人在自己的联合中并通过这种联合获得自己的自由。"[①] 自由个性的阶段属于共产主义阶段，在马克思那里，实现自由个性是人的发展的最终阶段，共产主义以实

---

① 《马克思恩格斯文集》第一卷，人民出版社 2009 年版，第 571 页。

现人的自由全面发展为原则,因此实现人的自由个性与实现共产主义是同义语。人的发展是一个分阶段的过程,共产主义运动同样是一个过程,二者是同一过程的两个不同方面。"个人的全面发展,只有到了外部世界对个人才能的实际发展所起的推动作用为个人本身所驾驭的时候,才不再只是作为理想、作为职责等等存在于想象之中,而这也正是共产主义者所向往的"①。当共产主义真正实现的时候,也就是自由王国真正开始的时候。

三、实践真理观与中国道路的必然逻辑

改革开放以来,中国共产党领导中国人民开始了建设中国特色社会主义的伟大实践。如今,中国特色社会主义进入新时代,有力证明了马克思主义的科学性和强大生机活力。实践证明,中国特色社会主义是适应中国国情、有利于中国走向繁荣富强的正确路径,是历史和人民的必然选择。中国道路的这种历史必然性,正蕴含在共产主义的实践运动之中,是共产主义实践向度的现实体现。

(一)人类解放具有历史性的规定,遵循历史辩证法

在马克思看来,历史是各个时代的交替,呈现出一种历史辩证法。人类的解放运动具有历史性的规定,遵循历史辩证法的逻辑。历史辩证法揭示出的最深刻的道理,就是任何历史时代的存在都具备一定的条件性。离开条件性而分析历史,就是形而上学的思维方式。因此,我们遵循历史辩证法,最重要的是做到具体问题具体分析。

中国特色社会主义之所以能够取得成功,是因为我们遵循了历史辩

---

① 马克思、恩格斯:《德意志意识形态(节选本)》,人民出版社2018年版,第119页。

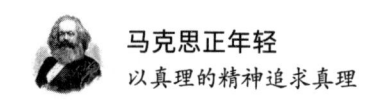

证法，做到了实事求是，坚持具体问题具体分析。历史上，我们也存在过按照马克思主义的教条和"本本"来指导社会主义革命和建设的现象，认为这才是本真的马克思主义精神和态度，但由于忽视客观实际等原因，结果导致了事业的曲折和失败。经过真理标准大讨论，我们打破了教条主义的束缚，重新树立了实事求是的思想路线，把实践作为检验真理的唯一标准，牢牢立足于我国所处的社会主义初级阶段这个最大实际，善于分析社会主要矛盾发生的新变化，坚持改革开放，取得了光辉的成就。

中国道路的成功实践生动说明，世界上没有一种放之四海而皆准的发展路径，只有适合自身的道路才是最好的道路。实践的起点不同、条件不同、目标不同，决定了实践的内容和形式也会有所不同，实践运动因而呈现出多样性、具体性和历史性。

（二）人类解放具有价值性的意蕴，旨在真正地和解

共产主义即人的解放具有价值性，是不断趋近于完美价值的实践运动。共产主义的实践向度，正是旨在人与人、人与自然之间真正的和解。人类解放既蕴含着事实判断，也蕴含着价值判断。事实总是有限的，价值才是无限的。人类历史是立足于有限的事实而向往无限的价值的过程，而实践就是这个过程。实践是从事实向价值飞跃的过程，价值的意义在实现价值的过程即实践之中。因此，共产主义只有作为一种革命的实践运动，才能真正达成主客体之间冲突的真正和解。中国道路同样如此，中国特色社会主义就是实现中国人民对美好生活的向往的实践运动。人民至上是新时代坚持和发展中国特色社会主义的根本立场，中国特色社会主义始终把全心全意为人民服务作为根本宗旨，把实现人民利益作为价值目标，坚持人民主体地位，尊重人的价值和需求，高扬人的主体性，

不断朝着自由解放的目标迈进。

(三) 人类解放具有实践性的特点, 立足于现实运动

恩格斯在《共产主义者和卡尔·海因岑》中写道:"共产主义不是教义, 而是运动。它不是从原则出发, 而是从事实出发。共产主义者不是把某种哲学作为前提, 而是把迄今为止的全部历史, 特别是这一历史目前在文明各国造成的实际结果作为前提。"[①] 人类的解放事业只能是一种历史实践, 只有在现实运动之中才能不断前进。中国特色社会主义就具有鲜明的实践性, 正是这种实践性支撑了中国道路能够越走越宽、越走越远。

第一, 中国特色社会主义不是虚幻的设想。再美好的愿望, 如果不通过实践去创造, 就只能停留在观念的层面, 永远不会变为现实。"空谈误国, 实干兴邦", 中国特色社会主义必须牢牢立足于实践, 充分发扬实干精神, 不断在现实的运动中将美好蓝图变为现实。

第二, 中国特色社会主义坚持问题导向, 不断在实践中超越现存。超越性是实践活动的鲜明特征, 对现存不足的超越是我们实现发展的必要保障。中国特色社会主义作为一种现实的实践运动, 能够始终坚持问题导向, 不回避问题, 及时发现问题、分析问题并解决问题, 在有效应对重大困难挑战、防范化解重大风险、克服和解决重大矛盾阻力中创造成就。

第三, 中国特色社会主义的发展永无止境。实践无止境, 中国特色社会主义的发展永无止境, 人类社会从来不存在一个最理想的状态, 更加理想的状态永远在等着我们。正如毛泽东所说的:"人类总是不断发展的, 自然界也总是不断发展的, 永远不会停止在一个水平上。因此, 人

---

① 《马克思恩格斯文集》第一卷, 人民出版社 2009 年版, 第 672 页。

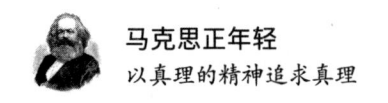

类总得不断地总结经验,有所发现,有所发明,有所创造,有所前进。"①中国特色社会主义是我们必须长期坚持并不断完善的路径选择,是一个不断发展和完善的实践过程。

马克思主义经典作家用毕生精力探索和追求共产主义,他们为全人类科学揭示了未来的发展方向和趋势,任何一个马克思主义者都应该始终把实现共产主义作为最高理想和最终目标,矢志不渝为实现共产主义而奋斗终身。共产主义不仅仅是一种理想,更是一种现实的实践运动。只有充分把握共产主义的实践向度,我们才能坚持知行合一,更好地坚持和发展中国特色社会主义。坚持实践观点把握共产主义,就要破除本质主义者对共产主义进行的形而上学式追问,用实践解决共产主义理想与现实之间的矛盾,立足实践理解社会主义本质论,科学辨析社会主义与资本主义间的关系。坚持实践观点把握共产主义,就要站在存在论立场上,遵循共产主义实践辩证法,在革命性的实践运动中实现对资本逻辑的批判和对异化劳动的扬弃,最终实现人的自由全面发展。坚持实践观点把握共产主义,才能更好地说明中国道路的历史必然性。立足于实践观点,我们可以深刻理解人类解放作为历史过程,具有历史性的规定,遵循历史辩证法;具有价值性的意蕴,旨在真正地和解;具有实践性的特点,立足于现实运动。

我们必须旗帜鲜明地坚持和发展中国特色社会主义,不断坚定道路自信、理论自信、制度自信、文化自信。理想因其远大而值得追求,理想因其美好而令人向往,共产主义理想的全部意义就在实现理想的过程即共产主义的实践运动之中不断彰显。在新的伟大征程中,我们要永不僵化、永不停滞,不断创新、不断变革,在超越现存的实践运动中向着共产主义不断前进!

---

① 《毛泽东文集》第八卷,人民出版社 1999 年版,第 325 页。

第二篇
汲取经典中的伟大智慧

第八章　阅读经典的必要性

第九章　研读经典的方法论

第十章　领悟经典的辩证法

第十一章　追问经典的真信仰

第十二章　感悟经典的历史观

第十三章　把握经典的生命力

第八章 阅读经典的必要性

习近平总书记在纪念马克思诞辰200周年大会上的讲话中强调:"共产党人要把读马克思主义经典、悟马克思主义原理当作一种生活习惯、当作一种精神追求,用经典涵养正气、淬炼思想、升华境界、指导实践。"① 毋庸置疑,广大党员干部对于阅读马克思主义经典的重要性基本上达成了共识,但是面对纷繁复杂的社会环境、复杂繁重的日常工作以及浩如烟海的经典著作,如何把读马克思主义经典作为一种生活习惯,从中汲取智慧、不断提升境界呢?我们可以从以下几个方面着手:

一、感悟马克思主义经典作家的崇高价值

人的自然生命总是有限的。作为自然的人,历史上的伟人不可能再对我们耳提面命,但是,他们的灵魂可以不朽。作为我们的精神导师,他们可以穿越时空对我们谆谆教诲。我们和伟人对话的方式,就是阅读他们留给我们的经典,去感悟经典中所承载的不朽灵魂和伟大人格。正如《道德经》所言:"不失其所者久,死而不亡者寿。"我们通过反复阅读马克思主义经典作家留下的经典著作,和他们心灵共鸣、灵魂共振,不断

---

① 习近平:《论中国共产党历史》,中央文献出版社2021年版,第210页。

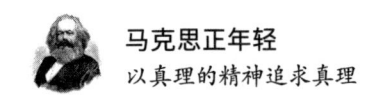

马克思正年轻
以真理的精神追求真理

接受马克思主义智慧的滋养,从而升华思想境界,走向崇高,活出生命的意义和价值。

习近平总书记在纪念马克思诞辰200周年大会上的讲话中指出:"马克思一生饱尝颠沛流离的艰辛、贫病交加的煎熬,但他初心不改、矢志不渝,为人类解放的崇高理想而不懈奋斗,成就了伟大人生。"① 马克思在中学毕业的时候就确立了崇高的人生理想和不朽的价值追求。在《青年在选择职业时的考虑》这篇作文中,他从哲学的高度,通过比较人和动物生命的本质区别,深刻分析了人的生命的本质、意义和价值。那么,什么样的生命才是有意义和有价值的呢?我们就要追问生命的本质是什么。生命本质上不过是一个过程,过程的精彩就意味着生命的灿烂和高尚。什么样的过程才是精彩的呢?马克思指出,只有那些受到人们尊重的生命才是崇高的。我们的生命为什么会得到人们的尊重?那是因为"我们选择了最能为人类而工作的职业"②。

我们从马克思的这篇作文中,可以强烈地感受到他伟大的人格和崇高的价值追求,明白什么样的生命才是有意义和有价值的,进而坚定理想信念,升华精神境界。马克思的生命实践充分彰显了伟人的灵魂和精神价值,也成就了马克思光辉的人生,获得了人们的普遍敬仰。

二、学习马克思主义经典严谨的论证逻辑

习近平总书记在庆祝中国共产党成立95周年大会上的讲话中指出:"理论上不彻底,就难以服人。"③ 一个理论如果缺乏严密的逻辑论证,要

---

① 习近平:《论中国共产党历史》,中央文献出版社2021年版,第195页。
② 《马克思恩格斯全集》第一卷,人民出版社1995年版,第459—460页。
③ 习近平:《论中国共产党历史》,中央文献出版社2021年版,第123页。

么停留于空洞无物的无病呻吟,要么停留于盲目自大的独断空论,这都是苍白无力的,是不能让人真服、真信的。我们通过阅读马克思主义经典,可以深切感受到:他们没有高高在上向人们颁布真理,而是通过铁的逻辑一步步严谨论证,让最终的结论自然而然从字里行间走出来。将这样的结论呈现给读者,才能说服人、打动人、鼓舞人,让人们真懂、真信、真用,这就是逻辑的力量。

《共产党宣言》中没有独断论的表达,其崇高的价值追求是通过逻辑的力量而彰显出来的,其结论都是从严密的逻辑论证中推演出来的。《共产党宣言》并没有对资本主义进行情绪化的攻击和谩骂,甚至连一丝一毫的主观主义和情感煽动都没有。恰恰相反,它是站在历史唯物主义的客观立场,对资本主义制度的历史合理性进行了充分肯定:"资产阶级在历史上曾经起过非常革命的作用。"①《共产党宣言》对资本主义及其繁荣的景象进行了绘声绘色的描述,对其历史的贡献进行了客观而充分的肯定。在充分肯定的基础上,却得出了彻底否定的结论。这里所运用的就是辩证法的逻辑。

根据辩证法的逻辑,"辩证法在对现存事物的肯定的理解中同时包含对现存事物的否定的理解"②,资本主义造就了如此巨大的生产力,极大地推动着历史的发展和社会的进步,但是,这也恰恰是资本主义必然要退出历史舞台的内在原因。资本主义的合理性只是历史的合理性,也就是说是有一定的前提和界限的合理性,只是在人类的历史进程中的那一段具有合理性,超过了这个阶段必然丧失合理性。正如资本主义取代封建主义是历史的必然性一样,资本主义也要面临同样的被取代的历史命运。《共产党宣言》指出:"资产阶级用来推翻封建制度的武器,现在

---

① 马克思、恩格斯:《共产党宣言》,人民出版社2018年版,第30页。
② 马克思:《资本论(纪念版)》第一卷,人民出版社2018年版,第22页。

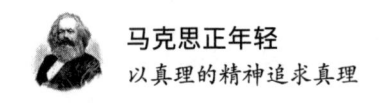

却对准资产阶级自己了。"①

资本主义必然灭亡,但是,这并不意味着它会自动灭亡。在《共产党宣言》最后,马克思、恩格斯在科学论证的基础上得出了这样的结论、提供了这样的方案、发出了这样的号召:"共产党人不屑于隐瞒自己的观点和意图。他们公开宣布:他们的目的只有用暴力推翻全部现存的社会制度才能达到。让统治阶级在共产主义革命面前发抖吧。无产者在这个革命中失去的只是锁链。他们获得的将是整个世界。"②

由此我们可以看到,无产阶级必须通过革命手段实现人类解放的根本价值追求,这一科学结论正是在辩证法严密逻辑的基础上经过充分论证而得出来的。我们阅读马克思主义经典,就要学习这样的科学思想方法,在理论宣传和群众工作中力求做到言之有理、持之有故、以理服人,才能让人们真服、真信,从而用科学的理论和崇高的价值说服人、凝聚人。

三、体会马克思主义经典蕴含的问题意识

马克思反对离开时代问题进行纯粹的理论构建,把那些脱离时代的理论家称为"哲学家",进行批判和嘲讽,时常以"真正的理论家""实践的唯物主义者""共产主义者"等概念来表述自己的哲学立场。马克思主义经典作家著书立说,并不是为了学术的建树和理论的兴趣,而是为了人类解放这一根本价值主题根据时代问题而撰写的。因此,马克思主义经典著作蕴含着强烈的问题意识。我们阅读马克思主义经典著作,就必须深入每篇著作所撰写的历史语境中,用强烈的问题意识去把握每篇经典著作针对的时代问题,否则就比较容易陷入教条主义。正如马克思

---

① 马克思、恩格斯:《共产党宣言》,人民出版社2018年版,第34页。
② 马克思、恩格斯:《共产党宣言》,人民出版社2018年版,第65页。

所指出的:"问题是时代的格言,是表现时代自己内心状态的最实际的呼声。"①

每个时代都有属于自己的时代问题,牢牢抓住时代问题,用强烈的问题意识准确地把握时代问题的本质,并找到解决时代问题的价值选择和理性方法,这是任何马克思主义经典作家在进行经典创作时的出发点。我们在阅读马克思主义经典时,通过回到当时的时代语境,进行实践和情景融合,去体会当时人类现实生活的生存境遇、价值诉求等层面凸显出来的矛盾与问题,去学习马克思主义经典作家对那些时代问题进行深度的研究、审视与批判运用的逻辑和方法,以反观我们当今时代的问题,从而获得启发、认清方向和找到答案。

正如习近平总书记在哲学社会科学工作座谈会上的讲话中所指出的:"坚持问题导向是马克思主义的鲜明特点。问题是创新的起点,也是创新的动力源。"②广大党员干部阅读马克思主义经典著作要在思想性与时代问题的互动对话中完成,就必须把握时代脉搏,强化问题意识,正确审视当代社会发展中的问题与困境。

---

① 《马克思恩格斯全集》第一卷,人民出版社 1995 年版,第 203 页。
② 习近平:《在哲学社会科学工作座谈会上的讲话》,人民出版社 2016 年版,第 14 页。

第九章　研读经典的方法论

研读马克思主义经典是加强党性锻炼、坚定理想信念、培养理论思维、提升工作能力的一个重要途径。马克思主义经典浩如烟海，再加上理解起来确实存在一定的困难，往往令人望而却步或者不能坚持下去。那么，怎样才能读懂马克思，阅读马克思主义经典应该从何入手？可以从以下几个方面用力：

一、深入经典的历史文化背景，搞清楚"前理解"

按照哲学解释学的观点，"前理解"是人们在对某种观念、事物理解之前所必须具有的自我解释状态，这是理解的必备前提和必要条件。"前理解"是在个人的生活经历中所生成的，反映的是一种个人与历史和文化的传承关系。我们最初在阅读马克思主义经典文献的时候，往往会有这样一种感觉：每一个字都认识，就是不知道它到底表达了什么意思。这是因为我们缺乏对文本理解的基本前提，即"前理解"缺失。因此，党员干部要想真正读懂马克思、恩格斯的经典著作，就必须深入到他们撰写这些著作时的历史背景和文化传统之中，进行情景还原。

例如，在阅读马克思主义经典文献时，我们会经常遇到一对概念："此岸"和"彼岸"。在《〈黑格尔法哲学批判〉导言》中，马克思指出：

"真理的彼岸世界消逝以后，历史的任务就是确立此岸世界的真理。人的自我异化的神圣形象被揭穿以后，揭露具有非神圣形象的自我异化，就成了为历史服务的哲学的迫切任务。于是，对天国的批判变成对尘世的批判，对宗教的批判变成对法的批判，对神学的批判变成对政治的批判。"[①]在《英国状况。十八世纪》中，恩格斯指出："英国人是世界上最信宗教的民族，同时又是最不信宗教的民族；他们比任何其他民族都关心彼岸世界，可是与此同时，他们生活起来却好像此岸世界就是他们的一切；他们向往天国丝毫不妨碍他们同样坚信这个'赚不到钱的地狱'。"[②]如果对"此岸"和"彼岸"这对概念不理解，就根本无法真正理解和把握文本的本真思想。

"此岸"和"彼岸"是一对宗教概念，背后有着深刻的哲学意蕴。它们来自基督教，而基督教又是由犹太教衍生出来的。基督教的基本教义来自犹太教，其哲学基础是新柏拉图主义。新柏拉图主义是对柏拉图思想的继承和发展，其基本思想来自柏拉图对"经验世界"和"理念世界"两个世界的划分。按照理念论，经验世界所有的存在都是一个有限的、相对的和有条件的暂时性存在，而理念世界是一个无限的、绝对的和无条件的永恒性存在。经验世界对应的是此岸世界，理念世界对应的是彼岸世界。基督教强调和追求的是一个永恒的、完美的彼岸世界，暂时的、有缺陷的此岸世界只是达到彼岸世界的一个环节，并不是他们真正关心的世界。

如果理解了这一点，我们就可以明白共产主义运动和宗教活动虽然都主张人的解放，但是解放的路径和立足点是完全不同的。正如恩格斯所指出的："基督教和工人的社会主义都宣传将来会从奴役和贫困中得救；

[①] 《马克思恩格斯选集》第一卷，人民出版社2012年版，第2页。
[②] 《马克思恩格斯全集》第三卷，人民出版社2002年版，第529页。

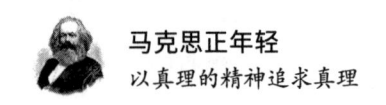

基督教是在死后的彼岸生活中，在天国里寻求这种得救，而社会主义则是在现世里，在社会改造中寻求。"① "只是这种基督教——由于历史的先决条件，也不可能是别个样子，只能希望在彼岸世界，在天国，在死后的永生中，在即将来临的'千年王国'中实现社会改造，而不是在现世里。"② 如果真正理解了这些文化和历史传统，我们就能真正理解，为什么马克思说"人应该在实践中证明自己思维的真理性，即自己思维的现实性和力量，自己思维的此岸性"③，也就能进一步理解马克思、恩格斯为什么一再强调他们理论的实践性，把人的解放理解为一种现实的历史运动。

二、感悟经典作家的崇高价值，领悟透"所以然"

马克思主义的根本价值追求是实现人类解放。但是，为什么说这是他们的根本价值追求？他们为什么要主张这样的价值追求？我们为什么要坚信这样的价值追求呢？我们必须通过研读经典去领悟马克思主义根本价值追求的真理性和价值性是如何统一的，去感悟其中所蕴含的道义力量和真理力量。

从马克思17岁时所写的中学毕业作文——《青年在选择职业时的考虑》中，我们能够找到共产主义者的"初心"。马克思说："在选择职业时，我们应该遵循的主要指针是人类的幸福和我们自身的完美。不应认为，这两种利益会彼此敌对、互相冲突，一种利益必定消灭另一种利益；相反，人的本性是这样的：人只有为同时代人的完美、为他们的幸福而工作，自己才能达到完美。"④ "为他们的幸福而工作"，这就是马克思对

---

① 《恩格斯论宗教》，人民出版社2001年版，第19页。
② 《恩格斯论宗教》，人民出版社2001年版，第20页。
③ 《马克思恩格斯选集》第一卷，人民出版社2012年版，第134页。
④ 《马克思恩格斯全集》第一卷，人民出版社1995年版，第459页。

人生价值追问的深刻回答。

那么，他又是如何论证这样的价值追求，使其建立在真理性的基础之上，从而使真理性和价值性相统一的呢？我们可以从其他的经典著作中得到启发和找到答案。在《1844年经济学哲学手稿》中，马克思指出："共产主义是对私有财产即人的自我异化的积极的扬弃，因而是通过人并且为了人而对人的本质的真正占有；因此，它是人向自身、也就是向社会的即合乎人性的人的复归，这种复归是完全的复归，是自觉实现并在以往发展的全部财富的范围内实现的复归。"① 这里的人就是大写的"人"，通过人并且为了人让人成为大写的"人"，即社会的人。正如《关于费尔巴哈的提纲》第十条所指出的："旧唯物主义的立脚点是市民社会，新唯物主义的立脚点则是人类社会或社会的人类。"②

马克思、恩格斯在《共产党宣言》中对这一思想进行了进一步的展开和明确表述："过去的一切运动都是少数人的，或者为少数人谋利益的运动。无产阶级的运动是绝大多数人的，为绝大多数人谋利益的独立的运动。""代替那存在着阶级和阶级对立的资产阶级旧社会的，将是这样一个联合体，在那里，每个人的自由发展是一切人的自由发展的条件。"③ "自由人的联合体"，就是指每一个人的自由和全面发展，而且是互为前提和条件的社会的人的解放。

实际上，实现人类解放这一价值追求并不是从马克思开始的，之前的空想社会主义者都进行了天才的设想。但是，他们因为不知道现实的革命性实践的力量，要么仅仅停留于对现实的无情鞭挞，要么止步于对美好未来的热情讴歌，要么诉诸悲天悯人的情感表达，根本没有找到人

---

① 《马克思恩格斯文集》第一卷，人民出版社2009年版，第185页。
② 《马克思恩格斯选集》第一卷，人民出版社2012年版，第136页。
③ 马克思、恩格斯：《共产党宣言》，人民出版社2018年版，第39、51页。

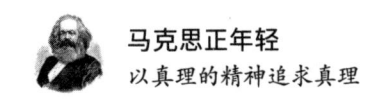

类解放的现实路径。正如马克思、恩格斯在《德意志意识形态》中所指出的:"正如共产主义的历史所证明的,尽管这种变革的观念已经表述过千百次,但这对于实际发展没有任何意义。"①需要指出的是,这里马克思、恩格斯所使用的"共产主义"这个概念,在当时主要是指空想社会主义。马克思在《〈黑格尔法哲学批判〉导言》中也指出:"哲学把无产阶级当做自己的物质武器,同样,无产阶级也把哲学当做自己的精神武器。"②也就是说,只有用科学的理论武装起来的真正觉悟了的无产阶级联合起来,现实地改变现存的生活状态,人类解放的价值理想才能在革命性的历史运动中一步步成为现实。

三、抓住经典的灵魂观照现实,弄明白"怎么办"

马克思列宁主义、毛泽东思想、邓小平理论、"三个代表"重要思想、科学发展观与习近平新时代中国特色社会主义思想,是一脉相承而又与时俱进的。其中一脉相承的"脉"是什么,与时俱进的"进"又是什么?阅读经典不只是为了增长知识,更重要的是在经典中寻找马克思主义理论和实践万变不离其宗的"道统"。只有找到这个"道统",我们才能明白哪些是应该坚守的马克思主义的本质和灵魂。这个"道统"是永远都不能背离和抛弃的,否则就是离经叛道。也只有找到这个"道统",我们才能坚守和运用这样的"道",在守正创新中用发展的马克思主义指导新的实践。

马克思主义的核心价值是追求人类解放,基本逻辑是唯物辩证法,价值和逻辑共同统一于共产党人带领人民谋解放的伟大实践中。让人民

---

① 《马克思恩格斯选集》第一卷,人民出版社 2012 年版,第 173 页。
② 《马克思恩格斯选集》第一卷,人民出版社 2012 年版,第 16 页。

大众摆脱自然界、人类社会和思想的奴役和压迫，成为自由全面发展的人，这是马克思主义的基本价值追求。实现每个人的自由全面发展，是马克思主义一以贯之的最高理想、价值追求和逻辑起点。那么，马克思主义如何论证和实现这样的价值追求呢？就是坚持马克思主义的基本立场，遵循唯物辩证法的基本逻辑，坚持解放思想、实事求是，做到一切从实际出发，具体问题具体分析，既不刻舟求剑，也不邯郸学步，把发展和进步的基点立足在客观实际中，出发点和落脚点着眼于人民立场上，牢牢把握我国发展的阶段性特征，牢牢把握人民群众对美好生活的向往，不断提出新的举措、新的战略，紧紧依靠人民创造历史伟业。

在与时俱进中坚持和发展马克思主义，这是由马克思主义的基本价值和逻辑所决定的，也是马克思主义的生命力所在。马克思主义的根本价值追求就是实现人类解放，这就是马克思主义的大"道"。马克思主义的理论品格，就是通过历史性的革命性实践，消除人的异化，达到人向自身、向社会的即合乎人性的人的复归的共产主义。正如马克思、恩格斯在《德意志意识形态》中所指出的："实际上，而且对实践的唯物主义者即共产主义者来说，全部问题都在于使现存世界革命化，实际地反对并改变现存的事物。"①

共产党人实现人类解放这一崇高价值追求，就必须按照唯物辩证法认识世界，即具体问题具体分析；按照唯物辩证法改造世界，即照辩证法办事，避免主观主义和教条主义，不能拘泥于具体的结论和固定的策略。因此，社会主义并没有一成不变的套路，只有把科学社会主义基本原则同本国具体实际、历史文化传统、时代要求紧密结合起来，在实践中不断探索总结，才能把蓝图变为美好现实。

---

① 《马克思恩格斯选集》第一卷，人民出版社2012年版，第155页。

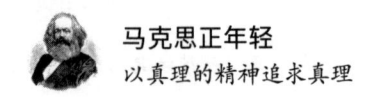

我们坚持和发展马克思主义永远不能丢的就是其实现人类解放的根本价值追求以及唯物辩证法的科学方法和基本态度，其他的具体结论和做法都可以而且必须随着时代的变化而变化。这既是马克思主义本身的理论品格，也是我们对待马克思主义的本真态度。

第十章　领悟经典的辩证法

习近平总书记指出:"学习掌握唯物辩证法的根本方法,不断增强辩证思维能力,提高驾驭复杂局面、处理复杂问题的本领。'事必有法,然后可成。'我们的事业越是向纵深发展,就越要不断增强辩证思维能力。当前,我国社会各种利益关系十分复杂,这就要求我们善于处理局部和全局、当前和长远、重点和非重点的关系,在权衡利弊中趋利避害、作出最为有利的战略抉择。"① 这段话深刻地指出了增强辩证思维能力、驾驭全局的战略思维能力的重要意义。那么,我们究竟该如何增强辩证思维能力呢?可以从以下几个方面下功夫:

一、加强哲学理论学习,掌握辩证思维的规律

哲学和自然科学具有不同的思维特征,哲学是在"问道",自然科学是在"求器"。辩证思维作为哲学思维的核心内容,旨在寻找万事万物背后的对立统一关系,因此,增强辩证思维能力,就要加强哲学理论学习,掌握辩证思维的规律,养成辩证思维的习惯和自觉。

---

① 习近平:《辩证唯物主义是中国共产党人的世界观和方法论》,《求是》2019年第1期。

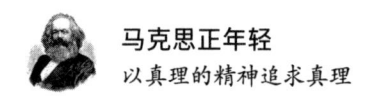

（一）通过哲学理论的学习，树立万物"无独必有对"的世界观

正如《周易》所言："一阴一阳之谓道。"又如《道德经》所说："有无相生，难易相成，长短相形，高下相倾，音声相和，前后相随。"世界上的万事万物都是和其对立面相对而存在的，并不存在独一无二的绝对存在，有上就有下，有前就有后，有善就有恶，有福就有祸，这是辩证思维的一个基本规律。张载提出："有象斯有对，对必反其为。"程颢指出："天地万物之理，无独必有对。皆自然而然，非有安排也。"程颐也说，"天地之间皆有对""道无无对，有阴则有阳，有善则有恶，有是则有非，无一亦无三"。存在着的客观现象都是对立统一的，万物的对立是普遍的、自然的，不是某种安排的结果。我们通过哲学理论的学习，首先就要把握辩证思维这一基本规律。

（二）通过哲学理论的学习，树立万物"孤阳不生，独阴不长"的发展观

《周易》有言："生生之谓易。"正是在阴阳对立和转化的过程中，世界上的万事万物才能生生不息。《黄帝内经素问集注》有言："按阴阳之道，孤阳不生，独阴不长。阴中有阳，阳中有阴。"程颢、程颐认为，对立之间存在着此消彼长的关系，对立双方是相互影响的。"万物莫不有对，一阴一阳，一善一恶，阳长而阴消，善增而恶减。"他们认为"消长相因，天之理也""理必有对待，生生之本也"，即对立是万物变化的根源。正是在相互对立的两个方面相生相克、此消彼长的交互作用中，万事万物得以生成和毁灭，不断地生长和变化。"物极必反"，一个事物的两个相互对立的方面，在一定的条件下，当其发展到一定的阶段，双方可以相互转化。正如《道德经》所指出的，"反者道之动"，这是辩证思

维的另一个重要规律。

（三）通过哲学理论的学习，树立万物"参差不齐"的矛盾观

矛盾是普遍存在的，存在于一切事物之中，贯穿于一切过程始终。而且，贯穿于一切事物全过程的矛盾不是整齐划一的，而是参差不齐的。它们在事物运动发展过程中作用和地位是不同的，有主要矛盾也有次要矛盾，有矛盾的主要方面也有矛盾的次要方面。这就要求我们在运用辩证思维分析和解决问题时，要抓住主要矛盾和矛盾的主要方面，这就是"重点论"。同时，又不能攻其一点不及其余地"单打一"，要兼顾次要矛盾和矛盾的次要方面，从而促进主要矛盾和矛盾的主要方面问题的解决，这就是"两点论"。"两点论"是有重点的"两点论"，"重点论"是"两点论"基础上的"重点论"，做到"重点论"和"两点论"有机统一，是辩证思维规律的必然要求。

二、阅读中西哲学经典，接受哲学智慧的滋养

经典是超越时空的人类智慧。经典之所以是经典，就在于它经历了历史的选择和时间的沉淀，人类的生存智慧在其中得以保存和传承。人类创造了并且在不断创造着伟大的智慧，这些智慧凝聚在经典之中。

（一）通过阅读中国哲学经典汲取东方智慧，增强辩证思维能力

中国古代哲学中有丰富的辩证法思想。早在公元前11世纪，人们在同自然作斗争中积累的经验基础上，提出了阴阳学说，用相互对立的阴阳二气的交互作用来说明天地万物的产生和变化。例如，《易经》中讲的"八卦"以及以两卦相叠演为六十四卦的学说，就是从正反两面的矛盾对

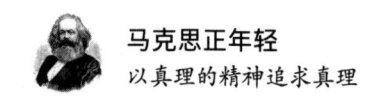

立来说明事物的变化和发展；《孙子兵法》提出了一系列矛盾的概念，如强弱、胜败、虚实、利害、众寡、得失、安危、贵贱、赏罚、劳逸、迂直、巧拙、速久、险易、多少等，指出"五行无常胜，四时无常位，日有短长，月有死生"。这些矛盾的方面具有既对立又统一、既互相排斥各具相反的属性、又互相依存的矛盾关系和矛盾演化。另外，《易传》《道德经》《黄帝内经》《论语》《中庸》《韩非子》《墨经》以及周敦颐、张载、程颢、程颐、朱熹、王夫之等的经典著述中都蕴含丰富的辩证法思想，我们可以从中汲取辩证思维的哲学智慧。

（二）通过阅读西方哲学经典汲取西方智慧，增强辩证思维能力

古希腊的赫拉克利特、柏拉图、亚里士多德都提出过丰富的辩证法思想，《理想国》《形而上学》等著作中，以各种方式揭示了事物发展变化的辩证规律。文艺复兴运动以后，从康德到黑格尔，德国古典哲学把辩证法思想推向了一个新的高度。特别是黑格尔在《逻辑学》《精神现象学》《自然哲学》等经典著作中，把辩证法作为他的哲学理论体系的基础，不仅把辩证法看作一种思维方法，同时又把辩证法作为适用于一切现象的普遍原则，把事物自身的矛盾运动规律视为支配一切事物和整个宇宙发展的普遍法则，系统构建了一个庞大的绝对精神辩证法王国。这些经典著作和论述都是我们增强辩证思维能力应该认真阅读和学习的思想资源。

三、研读马克思主义经典，增强辩证思维能力

马克思主义经典著作包含着经典作家所整合的人类探索真理的丰富思想成果，体现着经典作家攀登科学理论高峰的不懈追求和艰辛历程。阅

读经典著作，本身就是增长知识、开阔眼界、增加思想深度和训练思维方式的过程，就是培养高瞻远瞩的战略洞察力和脚踏实地的工作作风的过程，会使我们在潜移默化中受到经典作家崇高风范和人格力量的熏陶，从而实现自己思想境界和道德情操的升华。

例如，对于辩证法的实质，马克思在《资本论》第一卷第二版跋文中作出了非常经典而深刻的论述："辩证法在对现存事物的肯定的理解中同时包含对现存事物的否定的理解，即对现存事物的必然灭亡的理解；辩证法对每一种既成的形式都是从不断的运动中，因而也是从它的暂时性方面去理解；辩证法不崇拜任何东西，按其本质来说，它是批判的和革命的。"[①] 马克思、恩格斯的《共产党宣言》《德意志意识形态》《资本论》《路德维希·费尔巴哈和德国古典哲学的终结》等经典著作中系统阐述和生动运用了这样的辩证法思想。同时，列宁在《谈谈辩证法问题》《哲学笔记》中对辩证法思想的系统阐述，毛泽东在《实践论》《矛盾论》《论持久战》《论十大关系》《关于正确处理人民内部矛盾的问题》等著作中运用辩证思维分析中国革命形势、社会主义建设面临的形势与任务，确定战略方针分析问题和解决问题的经典论述，都值得我们反复阅读，接受其智慧的滋养。

正如习近平同志在担任中央党校校长时所指出的："学习马克思主义理论，一个重要方面就是学习马克思主义哲学。陈云同志曾指出：'学习理论，最要紧，是把思想方法搞对头。因此，首先要学哲学，学习正确的观察问题的思想方法。如果对辩证唯物主义一窍不通，就总是要犯错误。'现在的领导干部不少人受过专业训练，不缺乏专门知识，但其中的很多人不懂哲学，不善于辩证思考，很需要在思想方法和工作方法上提

---

① 马克思：《资本论（纪念版）》第一卷，人民出版社2018年版，第22页。

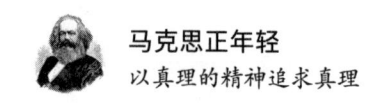

高一步。建议大家在学习原著的时候，读一些马克思主义哲学基本著作，掌握科学的世界观和方法论，不断增强工作的原则性、系统性、预见性、创造性。"① 现实中，有的人故步自封、因循守旧，思想和工作落后于客观形势的要求；有的人不按客观规律办事，急功近利，急于求成甚至蛮干、瞎干；有的人不喜欢听真话、实话，不愿意修正错误、择善而从。这些现象显然都是违背唯物辩证法的具体表现，归根结底都是因为不会、不愿或者不敢坚持客观辩证看待问题，从而不能做到解放思想，实事求是。

正是基于这样的深刻认识，习近平同志指出："领导干部一定要加强党性修养，坚持一切以人民利益和党的事业为重，这是坚持实事求是的思想基础。敢不敢坚持实事求是，考验着我们的政治立场，考验着我们的道德品质，始终是领导干部党性纯不纯、强不强的一个重要体现。要做到实事求是，不仅要有正确的思想方法和工作方法，还必须有公而忘私和不计个人得失的品格。所以，领导干部必须带头加强党性修养，带头践行全心全意为人民服务的根本宗旨，为了人民利益敢于坚持真理、修正错误，自觉为党分忧、为国尽责、为民奉献，以坚强的党性来保证做到实事求是。"②

马克思主义立场观点方法，揭示了整个世界的本质特性及人类社会发展的客观规律，阐明了现象与本质、特殊与普遍、局部与整体、当前与长远的辩证关系，为我们正确认识和妥善处理中国特色社会主义事业中诸多重大关系，树立全局眼光、提高统筹能力提供了思想武器。各级领导干部只有认真学习和掌握马克思主义立场观点方法，才能站在战略和全局的高度观察和处理问题，从政治上认识和判断形势，透过纷繁复杂的表面现象

---

① 习近平：《领导干部要爱读书读好书善读书——在中央党校2009年春季学期第二批进修班暨专题研讨班开学典礼上的讲话》，《学习时报》2009年5月18日。
② 习近平：《坚持实事求是的思想路线》，《学习时报》2012年5月28日。

把握事物的本质和发展的内在规律，才能视野开阔、胸襟博大，紧跟时代前进步伐，才能既抓住重点又统筹兼顾，既立足当前又放眼长远，既熟悉国情又把握世情，克服和避免只见现象不见本质、只见树木不见森林以及急功近利、目光短浅等现象，不断提升战略思维能力。

第十一章　追问经典的真信仰

马克思主义的经典著作中,蕴含着共产党人的真理信仰,贯穿着共产党员的初心使命,为共产党人提供了安身立命的精神家园。在《共产党宣言》《资本论》《社会主义从空想到科学》等经典中,我们可以去追问经典的真信仰。下面我们就以《共产党宣言》为例,去感悟经典中信仰的力量。

一、共产党人崇高信仰的深刻阐明

100多年来,中国共产党无论是弱小还是强大,无论是处于顺境还是逆境,都初心不改、矢志不渝,团结带领人民历经千难万险,付出巨大牺牲,敢于面对曲折,勇于修正错误,攻克了一个又一个看似不可攻克的难关,创造了一个又一个彪炳史册的人间奇迹。中国共产党的初心就是我们的信仰。这个信仰是由马克思所倡导的、被共产党人所坚守的灵魂:造福人民,为绝大多数人谋福利。

这一思想在《共产党宣言》中得以充分表达和集中体现。《共产党宣言》是马克思主义的一部经典纲领性文献,科学论证了资本主义的历史命运和共产主义的必然未来,充分阐明了"绝大多数人的,为绝大多数人谋利益的独立的运动"①的历史必然性和价值合理性,把科学性与价值性、合规律性与合目的性、认识世界与改造世界有机统一,彰显了马克思主义"为绝大多数人谋利益"的基本价值追求的历史和逻辑的统一。

《共产党宣言》把这一崇高理想正式表达为:"代替那存在着阶级和阶级对立的资产阶级旧社会的,将是这样一个联合体,在那里,每个人的自由发展是一切人的自由发展的条件。"②当时的社会现实恰恰是资本主义人的不自由、不平等,人与人之间是剥削与被剥削的关系。马克思、恩格斯指出,无产阶级必须拿起革命的武器,打破一个旧世界,建立一个新世界,在那里面没有剥削、没有压迫,是一个自由人的联合体。

"过去的一切运动都是少数人的,或者为少数人谋利益的运动。无产阶级的运动是绝大多数人的,为绝大多数人谋利益的独立的运动。无产阶级,现今社会的最下层,如果不炸毁构成官方社会的整个上层,就不能抬起头来,挺起胸来。"③在《共产党宣言》最后,马克思、恩格斯在科学论证的基础上,得出了这样的结论、提供了这样的方案、发出了这样的号召:"共产党人不屑于隐瞒自己的观点和意图。他们公开宣布:他们的目的只有用暴力推翻全部现存的社会制度才能达到。让统治阶级在共产主义革命面前发抖吧。无产者在这个革命中失去的只是锁链。他们获得的将是整个世界。"④

"全世界无产者,联合起来!"⑤

"马克思首先是一个革命家。他毕生的真正使命,就是以这种或那种方式参加推翻资本主义社会及其所建立的国家设施的事业,参加现代无

---

① 马克思、恩格斯:《共产党宣言》,人民出版社2018年版,第39页。
② 马克思、恩格斯:《共产党宣言》,人民出版社2018年版,第51页。
③ 马克思、恩格斯:《共产党宣言》,人民出版社2018年版,第39页。
④ 马克思、恩格斯:《共产党宣言》,人民出版社2018年版,第65页。
⑤ 马克思、恩格斯:《共产党宣言》,人民出版社2018年版,第66页。

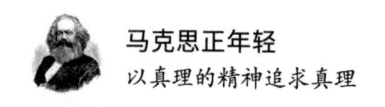

产阶级的解放事业"①。马克思为什么要宣传革命,为什么要投身革命,为什么要做一个革命家?很显然,革命只不过是手段。革命的目的归根结底在于大多数人的解放、自由,以及为大多数人谋福利。

二、共产主义基本原理的科学逻辑

虽然马克思没有一本著作是专门论述辩证法的,但是马克思的经典著作中都贯穿着辩证法的科学逻辑。如果不懂得马克思的辩证法思想,就不可能读懂他的很多经典著作,如《德意志意识形态》《共产党宣言》《资本论》等。贯穿《德意志意识形态》的理论基础是唯物史观,事实上就是马克思的历史辩证法思想。《资本论》的副标题是《政治经济学批判》,实际上就是资本逻辑运动的辩证法。正如《〈政治经济学批判〉序言》所指出的:"无论哪一个社会形态,在它所能容纳的全部生产力发挥出来以前,是决不会灭亡的;而新的更高的生产关系,在它的物质存在条件在旧社会的胎胞里成熟以前,是决不会出现的。所以人类始终只提出自己能够解决的任务,因为只要仔细考察就可以发现,任务本身,只有在解决它的物质条件已经存在或者至少是在生成过程中的时候,才会产生。"②《资本论》是一部经济学著作,同时又是马克思主义百科全书式的著作,其哲学基础是唯物史观,其分析批判的直接对象是资本主义社会,运用的逻辑是唯物辩证法,从历史事实出发论证资本逻辑的前提和其必然达到的界限,得出的结论是"两个必然"。《共产党宣言》也是一样,它的每一个结论,都不是强加给人的,而是自然而然从字里行间走出的,这完全是逻辑的力量。这个逻辑就是辩证法。

---

① 《马克思恩格斯全集》第二十五卷,人民出版社 2001 年版,第 597 页。
② 《马克思恩格斯文集》第二卷,人民出版社 2009 年版,第 592 页。

《共产党宣言》按照辩证法的逻辑，在对资本主义制度的历史合理性进行充分肯定，在此基础上，得出了彻底否定的结论。"资产阶级在历史上曾经起过非常革命的作用"[①]。"资产阶级在它的不到一百年的阶级统治中所创造的生产力，比过去一切世代创造的全部生产力还要多，还要大。自然力的征服，机器的采用，化学在工业和农业中的应用，轮船的行驶，铁路的通行，电报的使用，整个整个大陆的开垦，河川的通航，仿佛用法术从地下呼唤出来的大量人口——过去哪一个世纪料想到在社会劳动里蕴藏有这样的生产力呢"[②]？

资本主义创造了如此巨大的生产力，这是它的历史合理性所在。但是，这也恰恰成为它要退出历史舞台的原因。正如《共产党宣言》所指出的："资产阶级赖以形成的生产资料和交换手段，是在封建社会里造成的。在这些生产资料和交换手段发展的一定阶段上，封建社会的生产和交换在其中进行的关系，封建的农业和工场手工业组织，一句话，封建的所有制关系，就不再适应已经发展的生产力了。这种关系已经在阻碍生产而不是促进生产了。它变成了束缚生产的桎梏。它必须被炸毁，它已经被炸毁了。"[③]

"现在，我们眼前又进行着类似的运动。资产阶级的生产关系和交换关系，资产阶级的所有制关系，这个曾经仿佛用法术创造了如此庞大的生产资料和交换手段的现代资产阶级社会，现在像一个魔法师一样不能再支配自己用法术呼唤出来的魔鬼了。""只要指出在周期性的重复中越来越危及整个资产阶级社会生存的商业危机就够了。""资产阶级的关系已经太狭窄了，再容纳不了它本身所造成的财富了"[④]。

---

① 马克思、恩格斯：《共产党宣言》，人民出版社2018年版，第30页。
② 马克思、恩格斯：《共产党宣言》，人民出版社2018年版，第32页。
③ 马克思、恩格斯：《共产党宣言》，人民出版社2018年版，第32—33页。
④ 马克思、恩格斯：《共产党宣言》，人民出版社2018年版，第33页。

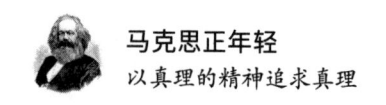

资本主义应该灭亡,也必然会灭亡。"两个必然"的科学社会主义结论,就在辩证法的科学逻辑中自然而然地走了出来。

三、共产党人精神家园的理想建构

马克思列宁主义、毛泽东思想、邓小平理论、"三个代表"重要思想、科学发展观、习近平新时代中国特色社会主义思想是一脉相承的。那么,这个"脉"是什么?最根本的就是马克思主义的核心价值追求:造福人民,为绝大多数人谋福利。建党100多年来,这个"脉"一直是中国共产党人安身立命、孜孜以求的精神家园。

毛泽东思想为什么是马克思主义?因为在毛泽东思想的指导下,我们党团结带领全国各族人民,推翻了三座大山,建立了新中国,实现了人民的解放。它回答了一个重要的时代课题,即:我们革命是为了什么?为了更好地造福人民、为人民谋福利。中国特色社会主义理论体系为什么是马克思主义理论体系?因为它把"三个有利于"作为评价一切改革成败得失的根本标准,最终落实到是否有利于人民生活水平的提高。它回答了一个重大的时代课题,即:搞社会主义,改革发展是为了什么?为了更好地造福人民、为人民谋福利。

党的十八大以来,以习近平同志为核心的党中央始终坚持以人民为中心的发展思想,把人民对美好生活的向往作为奋斗目标,始终把人民放在心中最高位置,紧紧依靠人民,发展始终为了人民,从理论和实践结合上系统回答新时代坚持和发展什么样的中国特色社会主义、怎样坚持和发展中国特色社会主义,建设什么样的社会主义现代化强国、怎样建设社会主义现代化强国,建设什么样的长期执政的马克思主义政党、怎样建设长期执政的马克思主义政党,围绕这些重大时代课题谋篇布局,进行艰辛理论探索，取得重大理论创新成果，创立了习近平新时代中国特色社会主义思想，自始至终贯穿了人民立场这个中国共产党的根本政治立场和人民至上的价值取向，为中国共产党人提供了安身立命的精神家园。

第十二章　感悟经典的历史观

《德意志意识形态》是阐发唯物史观最集中、最系统、最完备的马克思主义哲学经典著作，是马克思哲学革命的集中成果，其中蕴含的以"现实的个人"为前提的实践生成论历史观，不仅为共产主义奠定了科学的唯物史观的真理基础，而且还为无产阶级的革命运动指明了方向并提供了基本的原则。实践生成论的唯物史观打破了经验论和唯理论在历史观问题上的二元对立，确立了不断立足于一定历史物质前提的历史实践活动去理解人类历史的科学世界观，指出了人类历史在未来向度的革命性实践中走向共产主义的必然前景，从而对坚定中国特色社会主义自信、依靠人民创造历史伟业的中国共产党人具有十分重要的理论意义和实践价值。

马克思、恩格斯于1845年10月至1846年5月共同撰写的经典著作《德意志意识形态》，在对唯心主义和旧唯物主义哲学进行彻底清算的基础上，系统阐发了唯物史观的基本原理，确立了共产主义的实践唯物主义哲学理论基础，为后来《共产党宣言》和《资本论》的写作奠定了坚实的唯物史观基础。在资本逻辑的工具主义和社会利益的人文价值的此消彼长、资本主义和社会主义两种意识形态相互斗争和两种社会制度彼此较量的今天，认真研读马克思主义经典，深刻领会其中所蕴含的世界观和方法论，对于中国共产党人具有重要的理论启迪和现实意义。

一、唯物史观形成的里程碑

马克思在大学期间，作为青年黑格尔派"博士俱乐部"的重要成员，曾经深受黑格尔哲学的影响，并以表达自由意识为核心内容撰写了题为《德谟克利特的自然哲学和伊壁鸠鲁的自然哲学的差别》的博士论文，在本人缺席的情况下通过了博士论文答辩。但是，在《莱茵报》时期，马克思运用黑格尔的法哲学，在与普鲁士政府针对现实问题的论辩过程中，遇到了对物质利益发表意见的难题。马克思动摇了之前的哲学信仰，开始放弃黑格尔唯心主义哲学立场，展开了对德国国家哲学和法哲学的批判。马克思在《1844年经济学哲学手稿》中坚持费尔巴哈的唯物主义立场批判黑格尔哲学的同时，实际上已经开始超越费尔巴哈的直观唯物主义，这一思想革命的成果集中凝聚在《关于费尔巴哈的提纲》中，系统展开和完成于《德意志意识形态》，从而对从前的哲学信仰进行彻底清算，实现了哲学的革命，系统阐发了唯物史观的基本思想。

（一）《德意志意识形态》的写作是基于文化传统的内生逻辑

马克思主义的理论主题和价值追求，是实现人的自由全面发展和人类解放。我们重温《德意志意识形态》，必须回到马克思、恩格斯当时所处的思想文化背景中去，才能真正把握其得以产生的文化土壤、针对的时代课题和历史条件，才能真正领悟其所蕴含的时代精神和真理实质。

马克思、恩格斯出生于19世纪20年代的德国，就当时德国的思想文化背景而言，宗教氛围浓郁，而且西方思想文化传统占据着统治地位。也就是说，马克思、恩格斯生来就直接面对并对自身产生重大影响的强

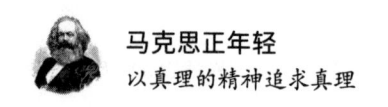

大的思想文化背景,恰恰是马克思、恩格斯哲学思想的来源和文化基础。

古希伯来文化和古希腊文化融合共同铸就了西方文化传统,经过两千多年的延绵不息形成了根深蒂固的基督教哲学传统。传统西方哲学的形而上学传统,把上帝、无限和灵魂不朽等彼岸世界的概念作为自己的理论主题,希望在变动不居的经验世界中找到对此岸世界的确定性和必然性的把握。虽然在不同的历史时期,由于社会的变迁和历史的条件变换,西方哲学关注和讨论的具体问题不断变迁,但是形而上学家们对理念世界和普遍本质的信念几乎没有根本动摇过,他们认为存在于彼岸世界的真理只有通过主体的理性力量才能被体悟,并且这个普遍的逻辑统治着和决定着整个现实经验世界的信仰几乎没有根本改变过,因而,他们通过完美的纯粹的概念、范畴、逻辑来演绎和解释整个世界的努力没有停止过。毫无疑问,致力于人类的解放和完美,也成了西方哲学的一个重要传统,只不过他们普遍认为人类解放的途径和灵魂拯救的道路,只能在纯粹的理念世界中才能找到。

马克思、恩格斯的哲学思想是基于西方的哲学传统和宗教背景孕育而生的。他们继承了西方人不懈追求的关于人的解放的价值主题的传统。只不过宗教把解放的希望寄托于上帝的救赎,德国古典哲学把解放的路径停留在理性的范围之内,仅仅停留于空洞的、实际上毫无实效的道德说教,并没有找到人类解放的现实路径,而马克思、恩格斯通过哲学革命突破了"此岸"和"彼岸"的二元对立,指出了革命性实践是人类解放的现实路径,从而使历史成为科学。正如马克思在《〈黑格尔法哲学批判〉导言》中所指出的:"真理的彼岸世界消逝以后,历史的任务就是确立此岸世界的真理。人的自我异化的神圣形象被揭穿以后,揭露具有非神圣形象的自我异化,就成了为历史服务的哲学的迫切任务。于是,对天国的批判变成对尘世的批判,对宗教的批判变成对法的批判,对神学的批判变成对政治的批判。"① 通过唯物史观的确立,马克思、恩格斯运用科学历史观分析人类社会和寻找人类解放的现实路径,这一成果就集中体现在《德意志意识形态》中。

(二)《德意志意识形态》的写作是哲学革命的必然要求

我们要深刻理解《德意志意识形态》中蕴含的马克思主义哲学的基本精神,就必须通过回顾马克思、恩格斯写作这部著作的时代背景,来准确把握其写作的主要目的以及理论主题。

马克思在任《莱茵报》主编期间,在现实的斗争中开始动摇对黑格尔哲学的信仰,系统研究了法国大革命的历史并开始接触费尔巴哈的思想,他的思想发生了较大的转折。1843年3月,他开始撰写《黑格尔法哲学批判》,这是马克思批判黑格尔哲学的第一部著作,是对黑格尔《法哲学原理》有关国家问题的阐述部分所进行的分析和批判。正如马克思在《〈黑格尔法哲学批判〉导言》中所指出的:"随导言之后将要作的探讨——这是为这项工作尽的一份力——首先不是联系原本,而是联系副本即联系德国的国家哲学和法哲学来进行的。其所以如此,正是因为这一探讨是联系德国进行的。"② 马克思批判了黑格尔的唯心主义法学观,批判了黑格尔在市民社会和国家关系问题上的唯心主义观点,深刻地指出,不是国家决定市民社会,而是市民社会决定国家。

《黑格尔法哲学批判》最终没有完成,并不是因为马克思没有时间写完,而是因为他发现对黑格尔法哲学的批判还只是对"副本"进行的批判,想要进行彻底的批判就必须对"原本"进行批判,就要批判黑格尔

---

① 《马克思恩格斯选集》第一卷,人民出版社2012年版,第2页。
② 《马克思恩格斯选集》第一卷,人民出版社2012年版,第2页。

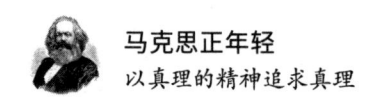

法哲学背后的市民社会，这就需要到国民经济学中进一步对其基础即市民社会进行深入剖析和彻底批判。正如马克思所指出的："法的关系正像国家的形式一样，既不能从它们本身来理解，也不能从所谓人类精神的一般发展来理解，相反，它们根源于物质的生活关系，这种物质的生活关系的总和，黑格尔按照18世纪的英国人和法国人的先例，概括为'市民社会'，而对市民社会的解剖应该到政治经济学中去寻求。"①

1844年2月，马克思在《德法年鉴》上发表了《〈黑格尔法哲学批判〉导言》和《论犹太人问题》，对宗教和德国唯心主义哲学进行了批判，指出人类从各种形式的压迫下获得彻底解放的途径并论证共产主义革命的必然性和无产阶级的历史使命，即无产阶级是能实现这种革命变革的社会力量，无产阶级要想解放自己，就必须推翻剥削的一切制度基础，从而解放全人类。

《〈黑格尔法哲学批判〉导言》的写作，标志着马克思世界观的转变和工人阶级立场的科学确立，把研究和批判的重点指向了国民经济学。从1844年开始，马克思开始在巴黎系统研究政治经济学，大量阅读古典经济学和社会主义的各种经典文献，做了大量的笔记，写下了《1844年经济学哲学手稿》。马克思通过把抽象劳动进一步归结为异化劳动，把异化劳动进一步归结为私有财产的主体本质，指出只有扬弃私有财产才能克服异化劳动，也只有克服异化劳动才能消除产生私有财产的条件，从而深刻论证了作为人类解放现实路径的共产主义的深刻本质。

1844年8月底，马克思与恩格斯在巴黎会面，进行了深入的交流，二人观点完全一致，志同道合，从此结下了深厚的终身革命友谊。他们决定共同撰写一部哲学著作，批判黑格尔和青年黑格尔派的德国唯心主

---

① 《马克思恩格斯文集》第二卷，人民出版社2009年版，第591页。

义哲学，这就是后来他们合著的第一部著作《神圣家族》。在《神圣家族》中，他们深刻批判了青年黑格尔派的唯心主义思想，初步阐述了正在形成中的历史唯物主义新世界观。虽然《神圣家族》还带有费尔巴哈人本主义影响的影子，但它基于关于"现实的人"及其历史发展的科学，超越了费尔巴哈"抽象的人"，蕴含着哲学革命，奠定了实践唯物主义的科学社会主义的基础。正如恩格斯所指出的："对抽象的人的崇拜，即费尔巴哈的新宗教的核心，必定会由关于现实的人及其历史发展的科学来代替。这个超出费尔巴哈而进一步发展费尔巴哈观点的工作，是由马克思于1845年在《神圣家族》中开始的。"[①]

在普鲁士政府的强烈要求下，1845年初，马克思被巴黎当局驱逐出境，移居比利时的首都布鲁塞尔。恩格斯于当年4月也迁居布鲁塞尔，他们决定共同对《神圣家族》中的唯物史观思想进行进一步的深入研究和系统阐发。1845年春，马克思写下了《关于费尔巴哈的提纲》，系统阐发了以实践为基础的新世界观，既对唯心主义进行了批判，也和从前的旧唯物主义包括费尔巴哈的直观唯物主义划清了界限。这短短的11条提纲，实际上就是之后他们共同撰写的著作《德意志意识形态》第一卷《费尔巴哈》章的写作大纲。为了彻底批判以青年黑格尔派为代表的德国唯心主义哲学和"真正的社会主义"错误思潮，马克思、恩格斯从1845年10月至1846年5月在布鲁塞尔合写了《德意志意识形态》，通过对"德意志意识形态"的深刻剖析和批判，集中阐发了历史唯物主义的基本原理，科学论证了共产主义必然取代资本主义的客观规律。

---

① 《马克思恩格斯文集》第四卷，人民出版社2009年版，第295页。

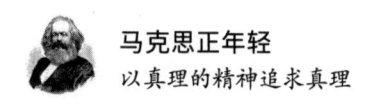

（三）《德意志意识形态》在马克思主义发展史中具有里程碑意义

《德意志意识形态》这部著作，无论在马克思主义哲学发展史上，还是在马克思主义文献学中，都具有十分重要的地位。这主要表现在：

第一，《德意志意识形态》集马克思、恩格斯早期哲学思想之大成，是马克思主义哲学理论体系完成和创立的标志。如果说《1844年经济学哲学手稿》是马克思哲学的秘密诞生地，1845年春《关于费尔巴哈的提纲》是马克思发动哲学革命的号角、"包含着新世界观的天才萌芽的第一个文献"[①]，那么，《德意志意识形态》就是马克思彻底实现哲学革命从而确立唯物史观的标志，蕴含着此后《共产党宣言》《资本论》等无产阶级革命理论经典文献的基本价值和内在逻辑的精髓，也奠定了共产主义运动的根本理论基础，以真理的力量指明了人类社会发展的必然规律，昭示了共产主义的历史命运和人类未来的理想图景。

第二，《德意志意识形态》以清算青年黑格尔派哲学以及马克思、恩格斯本人以前所持有的哲学唯心主义立场，创立唯物主义历史观为主旨，是阐释唯物主义历史观基本原理的最系统、最详尽的著作。马克思在1843年撰写的《黑格尔法哲学批判》、1844年写下的《1844年经济学哲学手稿》和恩格斯在1844年发表的《国民经济学批判大纲》中，得出物质生产在社会发展中具有决定性作用的认识，为唯物史观的确立提供了哲学的准备。马克思、恩格斯在1845年合著的《神圣家族，或对批判的批判所做的批判。驳布鲁诺·鲍威尔及其伙伴》中指出，只有把"某一历史时期的工业，即生活本身的直接的生产方式认识清楚"，才能"真正地认清这个历史时期"。[②]"历史活动是群众的活动，随着历史活动

---

① 《马克思恩格斯文集》第四卷，人民出版社2009年版，第266页。
② 《马克思恩格斯文集》第一卷，人民出版社2009年版，第350页。

的深入，必将是群众队伍的扩大。"①恩格斯晚年在回答"关于历史唯物主义的起源"这个问题时指出，马克思的《关于费尔巴哈的提纲》"其实就是它的起源"②。正是在《关于费尔巴哈的提纲》的思想基础上，马克思、恩格斯合作撰写了《德意志意识形态》一书，对他们所创立的唯物史观基本原理进行系统的阐发。但是，由于他们的主要理论旨趣不在于进行哲学体系的构建，而在于以科学的世界观指导改变世界的革命实践，马克思、恩格斯在创立唯物主义历史观之后，就以这个理论为指导深入剖析资本主义社会的现实，领导无产阶级革命和共产主义运动。在这个过程中，唯物史观得到了进一步的检验、运用、丰富和发展。例如，马克思在1847年出版的为反对蒲鲁东而写的《哲学的贫困》和1848年马克思、恩格斯合著的《共产党宣言》，都是对这一历史科学在现实斗争中的实际运用，包括马克思的《1848年至1850年的法兰西阶级斗争》《路易·波拿巴的雾月十八日》和恩格斯的《德国农民战争》《德国的革命和反革命》在内的多部著作，也是"用他的唯物主义观点从一定经济状况出发来说明一段现代历史的初次尝试"③。

在1848年欧洲大陆革命的浪潮过去之后，马克思集中精力，运用唯物主义历史观考察资本主义社会，科学地揭示了资本主义社会形成、发展和灭亡的历史规律，这一成果就集中体现在1867年发表的《资本论》中。《资本论》所贯穿的基本逻辑就是唯物史观的科学世界观，正如列宁所指出的，如果说唯物主义历史观在这之前还只是"一个第一次使人们有可能以严格的科学态度对待历史问题和社会问题的假设"，那么，"自从《资本论》问世以来，唯物主义历史观已经不是假设，而是科学地证

---

① 《马克思恩格斯文集》第一卷，人民出版社2009年版，第287页。
② 《马克思恩格斯文集》第十卷，人民出版社2009年版，第647页。
③ 马克思、恩格斯：《共产党宣言》，人民出版社2018年版，第136页。

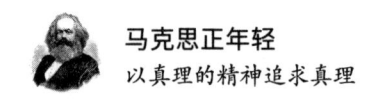

明了的原理"。①

第三，由于《德意志意识形态》一书所具有的上述特点，该书成为当代马克思主义及其哲学研究的一个热点，成为当代马克思主义哲学发展乃至一般哲学发展重要的思想理论资源。该书和马克思的《1844年经济学哲学手稿》一起，构成"西方马克思主义"形成的一个重要的思想理论来源。此外，该书及其各种相关研究也构成改革开放以来中国马克思主义哲学发展的一个强大的思想源泉和动力，甚至从根本上超越了人们对马克思主义哲学的一些局限性的理解。

今天，我们重温和深入研读《德意志意识形态》，对于了解本真和原生意义上的马克思主义哲学、掌握科学的世界观和方法论，无疑具有十分重要的意义。

二、立足"现实的个人"的历史观

《德意志意识形态》第一章全文遗稿包括四个部分。贯穿于全文的逻辑主线是：以"现实的个人"为起始概念，把人类的基本存在方式归结为社会实践，着眼于人的自由全面发展的价值追求，立足于实践唯物主义理解共产主义的历史运动。这是马克思、恩格斯首次全面阐发新世界观的文献，完整系统论述了唯物史观的主要思想，可以概括如下：

（一）"现实的个人"：唯物史观的起始概念

如果"生活决定意识"，那么，生活就不是"意识"的自我存在，历史也不是意识自我演化的独立过程。生活本质上是"现实的个人"的存

---

① 列宁：《什么是"人民之友"以及他们如何攻击社会民主党人？》，人民出版社2016年版，第9、12页。

在，历史不过是在历史中活动着的"现实的个人"的存在及其物质生活条件。正是把"现实的个人"作为起始概念，马克思、恩格斯开始并系统阐述了唯物史观的科学历史观。正如马克思、恩格斯在《德意志意识形态》中所指出的："我们开始要谈的前提不是任意提出的，不是教条，而是一些只有在臆想中才能撇开的现实前提。这是一些现实的个人，是他们的活动和他们的物质生活条件，包括他们已有的和由他们自己的活动创造出来的物质生活条件。因此，这些前提可以用纯粹经验的方法来确认。"①所谓"现实的个人"，既不是纯粹的意识主体，也不是作为单纯的生物个体的生命存在，而是以一定的社会形式结合在一起的，从事实际活动的不断生产着自己和创造着世界和历史的"他们"。正如《德意志意识形态》所指出的："任何历史记载都应当从这些自然基础以及它们在历史进程中由于人们的活动而发生的变更出发。""可以根据意识、宗教或随便别的什么来区别人和动物。一当人开始生产自己的生活资料，即迈出由他们的肉体组织所决定的这一步的时候，人本身就开始把自己和动物区别开来。人们生产自己的生活资料，同时间接地生产着自己的物质生活本身。"②

马克思、恩格斯把"现实的个人"表述为"他们的活动和他们的物质生活条件，包括他们已有的和由他们自己的活动创造出来的物质生活条件"③。这是以"感性活动"为基础立论的历史生成论思想。这种思想发轫于《1844年经济学哲学手稿》，在《关于费尔巴哈的提纲》中"现实的个人"的思想得以集中体现。马克思指出："费尔巴哈把宗教的本质归结于人的本质。但是，人的本质不是单个人所固有的抽象物，在其现实

---

① 《马克思恩格斯选集》第一卷，人民出版社2012年版，第146页。
② 《马克思恩格斯选集》第一卷，人民出版社2012年版，第147页。
③ 《马克思恩格斯选集》第一卷，人民出版社2012年版，第146页。

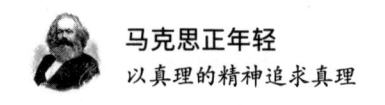

性上，它是一切社会关系的总和。"① 这里的具有现实性的人，既不是独立于现实生活的纯粹的精神世界，也不是纯粹的服从自然规律的物质实体，而是在既有的物质生活条件下不断创造和改变着现有"物质生活条件"的对象性活动的人。世界是与"人的活动"相应的、作为"人的活动"之"条件"的"世界"，"现实的个人"是在不断改变的世界中历史地、实践地存在着的"活动着的人"。正如马克思所指出的："环境的改变和人的活动或自我改变的一致，只能被看做是并合理地理解为革命的实践。"② 因此，"生产"不是"思想"的外化，而是本来就在世界中的"现实的个人"生存。"现实的个人"的"生存"不是由自在的自然界所设定的生物行为，而是他们以自身的"感性存在"作用于对象的创造活动。

正如《德意志意识形态》所指出的："人们之所以有历史，是因为他们必须生产自己的生命，而且必须用一定的方式来进行。"③ 这就是从"生产"的生存论意义上对"历史"的根据进行的深刻揭示。由此，以这样的前提理解的"历史"，既不是神的历史，不是绝对精神的自我运动的历史，也不是作为一种"类"的生物物种的自然演变史，而是"现实的个人"的生产史和生成史。

（二）"生活决定意识"：唯物史观的立足点

《德意志意识形态》中《费尔巴哈》章的开头部分同时也是全书的序言，揭示了作者所要批判的包括费尔巴哈在内的整个德意志哲学思想体系的基本前提。这个前提就是，"认为宗教、概念、普遍的东西统治着现存世界"④，人们在现实生活中受到的统治和束缚，是来自意识、观念的，

---

① 《马克思恩格斯选集》第一卷，人民出版社 2012 年版，第 135 页。
② 《马克思恩格斯选集》第一卷，人民出版社 2012 年版，第 134 页。
③ 《马克思恩格斯选集》第一卷，人民出版社 2012 年版，第 160 页。
④ 《马克思恩格斯选集》第一卷，人民出版社 2012 年版，第 144—145 页。

因此，人的解放，就是把人们从意识、观念和词句的统治下解放出来。但是，事情的真相是，"人从来没有受过这些词句的奴役"①，同意识、观念和词句展开斗争，只是提出了改变意识的要求，并以为意识的改变必然带来世界的改变。这就是在当时的德国思想界继续存留着的黑格尔主义。正如马克思、恩格斯所指出的："德国的批判，直至它最近所作的种种努力，都没有离开过哲学的基地。这个批判虽然没有研究过自己的一般哲学前提，但是它谈到的全部问题终究是在一定的哲学体系即黑格尔体系的基地上产生的。"②

实际上，思想、观念、意识等，只不过是人们的现实生活过程的反映和产物，因此，并不是意识决定存在，而是社会存在决定意识。正如马克思、恩格斯在《德意志意识形态》中所指出的："思想、观念、意识的生产最初是直接与人们的物质活动，与人们的物质交往，与现实生活的语言交织在一起的。人们的想象、思维、精神交往在这里还是人们物质行动的直接产物。表现在某一民族的政治、法律、道德、宗教、形而上学等的语言中的精神生产也是这样。人们是自己的观念、思想等等的生产者，但这里所说的人们是现实的、从事活动的人们，他们受自己的生产力和与之相适应的交往的一定发展——直到交往的最遥远的形态——所制约。意识在任何时候都只能是被意识到了的存在，而人们的存在就是他们的现实生活过程。如果在全部意识形态中，人们和他们的关系就像在照相机中一样是倒立成像的，那么这种现象也是从人们生活的历史过程中产生的，正如物体在视网膜上的倒影是直接从人们生活的生理过程中产生的一样。"③

---

① 《马克思恩格斯选集》第一卷，人民出版社 2012 年版，第 154 页。
② 《马克思恩格斯选集》第一卷，人民出版社 2012 年版，第 143 页。
③ 《马克思恩格斯选集》第一卷，人民出版社 2012 年版，第 151—152 页。

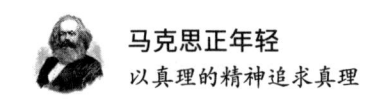

因此，只有基于人们的现实生活和物质生活条件，重新理解生活和意识的关系问题，才是批判德国哲学、确立历史唯物主义的出发点。正如马克思、恩格斯所指出的："只有在现实的世界中并使用现实的手段才能实现真正的解放；没有蒸汽机和珍妮走锭精纺机就不能消灭奴隶制；没有改良的农业就不能消灭农奴制；当人们还不能使自己的吃喝住穿在质和量方面得到充分保证的时候，人们就根本不能获得解放。'解放'是一种历史活动，不是思想活动，'解放'是由历史的关系，是由工业状况、商业状况、农业状况、交往状况促成的。"①

（三）"历史的自然"：唯物史观感性活动的历史主体原则

由于旧哲学不理解实践的革命性、批判性意义，要么站在纯粹的唯物主义的立场，设想独立于历史而存在的纯粹的自然，要么站在唯心主义的立场，设想脱离自然而独立存在的纯粹的思维，结果二者都在神秘主义中走向了历史唯心主义。离开了自然讲历史，只能是唯心主义的玄想；离开了历史讲自然，只能是纯粹的唯物主义，即旧唯物主义，至多只是达到费尔巴哈的单纯感性直观。

《德意志意识形态》正是在实践的基础上，把自然和历史统一起来，确立了以"现实的个人"自我生成的感性活动为基础的历史主体原则。正如马克思、恩格斯在《德意志意识形态》中所指出的："费尔巴哈对感性世界的'理解'一方面仅仅局限于对这一世界的单纯的直观，另一方面仅仅局限于单纯的感觉。费尔巴哈设定的是'人'，而不是'现实的历史的人'。"②费尔巴哈在对感性世界的直观中，把周围的感性世界作为

---

① 《马克思恩格斯选集》第一卷，人民出版社2012年版，第154页。
② 《马克思恩格斯选集》第一卷，人民出版社2012年版，第155页。

既有的、永恒不变的直接存在，没有看到它恰恰是人类世世代代社会实践的历史性存在，因此，"他不可避免地碰到与他的意识和他的感觉相矛盾的东西，这些东西扰乱了他所假定的感性世界的一切部分的和谐，特别是人与自然界的和谐。为了排除这些东西，他不得不求助于某种二重性的直观，这种直观介于仅仅看到'眼前'的东西的普通直观和看出事物的'真正本质'的高级的哲学直观之间"①。马克思、恩格斯立足于连续不断的感性劳动和创造，克服了费尔巴哈在人与自然、自然和历史之间的二元对立："如果懂得在工业中向来就有那个很著名的'人和自然的统一'，而且这种统一在每一个时代都随着工业或慢或快的发展而不断改变，就像人与自然的'斗争'促进其生产力在相应基础上的发展一样，那么上述问题也就自行消失了。"②

实际上，马克思在《1844年经济学哲学手稿》中就指出过："如果把工业看成人的本质力量的公开的展示，那么自然界的人的本质，或者人的自然的本质，也就可以理解了；因此，自然科学将失去它的抽象物质的方向或者不如说是唯心主义的方向，并且将成为人的科学的基础，正像它现在已经——尽管以异化的形式——成了真正人的生活的基础一样；说生活还有别的什么基础，科学还有别的什么基础——这根本就是谎言。"③

（四）"交往形式"：唯物史观一切社会关系的感性本源

马克思、恩格斯虽然并没有明确提出过"社会基本矛盾原理"这个概念，但是在《德意志意识形态》中，他们以"交往形式"作为基本概念

---
① 《马克思恩格斯选集》第一卷，人民出版社2012年版，第155页。
② 《马克思恩格斯选集》第一卷，人民出版社2012年版，第156页。
③ 《马克思恩格斯全集》第三卷，人民出版社2002年版，第307页。

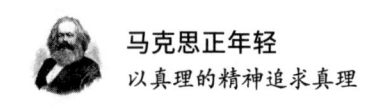

进一步展开一切社会关系，对唯物史观的这一思想进行了深刻而又彻底的阐述："已成为桎梏的旧交往形式被适应于比较发达的生产力，因而也适应于进步的个人自主活动方式的新交往形式所代替；新的交往形式又会成为桎梏，然后又为另一种交往形式所代替。由于这些条件在历史发展的每一阶段都是与同一时期的生产力的发展相适应的，所以它们的历史同时也是发展着的、由每一个新的一代承受下来的生产力的历史，从而也是个人本身力量发展的历史。"[1]

在《德意志意识形态》中，马克思、恩格斯立足于对象性的感性活动，把社会基本矛盾原理表述为："个人怎样表现自己的生命，他们自己就是怎样。因此，他们是什么样的，这同他们的生产是一致的——既和他们生产什么一致，又和他们怎样生产一致。"[2]"生产什么"与生产力有关，"怎样生产"与生产关系有关。生产力和生产关系不是完全不同的两个实体，而是同一个问题的两个方面，二者是一致的，即生产方式中所蕴含的人与自然的关系和人与人的关系，生产力是以社会感性活动为基础的人们的现实的本质力量，生产关系是生产力的社会形式。这样，"生命的生产，无论是通过劳动而生产自己的生命，还是通过生育而生产他人的生命，就立即表现为双重关系：一方面是自然关系，另一方面是社会关系；社会关系的含义在这里是指许多个人的共同活动，不管这种共同活动是在什么条件下、用什么方式和为了什么目的而进行的。由此可见，一定的生产方式或一定的工业阶段始终是与一定的共同活动方式或一定的社会阶段联系着的，而这种共同活动方式本身就是'生产力'；由此可见，人们所达到的生产力的总和决定着社会状况"[3]。整个人类社会历

---

[1] 《马克思恩格斯选集》第一卷，人民出版社2012年版，第204页。
[2] 《马克思恩格斯选集》第一卷，人民出版社2012年版，第147页。
[3] 《马克思恩格斯选集》第一卷，人民出版社2012年版，第160页。

史，不过是在生产力和生产关系的交互作用中，在人与自然的矛盾和人与人的矛盾的斗争中，不断通过创造性的历史实践而自我诞生和不断生成的过程。正如《德意志意识形态》所指出的："由此可见，事情是这样的：以一定的方式进行生产活动的一定的个人，发生一定的社会关系和政治关系。经验的观察在任何情况下都应当根据经验来揭示社会结构和政治结构同生产的联系，而不应当带有任何神秘和思辨的色彩。社会结构和国家总是从一定的个人的生活过程中产生的。"①

在《〈政治经济学批判〉序言》中，马克思明确使用"生产关系"概念对唯物史观进行了经典的表述："人们在自己生活的社会生产中发生一定的、必然的、不以他们的意志为转移的关系，即同他们的物质生产力的一定发展阶段相适合的生产关系。这些生产关系的总和构成社会的经济结构，即有法律的和政治的上层建筑竖立其上并有一定的社会意识形式与之相适应的现实基础。物质生活的生产方式制约着整个社会生活、政治生活和精神生活的过程。不是人们的意识决定人们的存在，相反，是人们的社会存在决定人们的意识。社会的物质生产力发展到一定阶段，便同它们一直在其中运动的现存生产关系或财产关系（这只是生产关系的法律用语）发生矛盾。于是这些关系便由生产力的发展形式变成生产力的桎梏。那时社会革命的时代就到来了。随着经济基础的变更，全部庞大的上层建筑也或慢或快地发生变革。"②

（五）"分工和私有制是相等的表达方式"：唯物史观的历史之谜

生产关系是从"现实的个人"的感性活动中形成和发展的，反过来

---

① 《马克思恩格斯选集》第一卷，人民出版社 2012 年版，第 151 页。
② 《马克思恩格斯选集》第二卷，人民出版社 2012 年版，第 2—3 页。

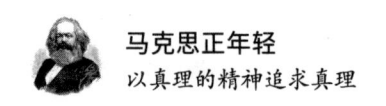

又作为"现实的个人"的活动的既有前提和条件，制约着"现实的个人"的活动和存在方式。现实的个人的感性活动，是在人们直接继承的现有的生产力、社会状况和意识的矛盾运动中展开的。同样，分工和所有制也是人作为人的存在方式的必然历史表达形式，分工和所有制的演变过程，恰恰是人类走向异化、扬弃异化，从而实现自由发展的历史过程。正是在这个过程中，马克思发现了"历史之谜"及其解答方式，这个解答就是共产主义运动。正如本书第二章引述过的马克思在《1844年经济学哲学手稿》中所指出的："共产主义是对私有财产即人的自我异化的积极的扬弃，……它是历史之谜的解答，而且知道自己就是这种解答。"[①]

在马克思、恩格斯看来，人一旦开始生产，就把自己和动物区别开来了，这种超越本能的存在方式本身就意味着作为社会关系的存在，也就开始了自发的分工。他们在《德意志意识形态》中指出，当人们意识到自己是社会的存在物的时候，人的意识开始觉醒。"这个开始，同这一阶段的社会生活本身一样，带有动物的性质；这是纯粹的畜群意识，这里，人和绵羊不同的地方只是在于：他的意识代替了他的本能，或者说他的本能是被意识到了的本能"[②]。"分工起初只是性行为方面的分工，后来是由于天赋（例如体力）、需要、偶然性等等才自发地或'自然地'形成的分工"[③]。随着物质劳动和精神劳动的分离，意识开始摆脱现实世界而去构造纯粹的理论、神学、哲学、道德。"生产力、社会状况和意识，彼此之间可能而且一定会发生矛盾，因为分工使精神活动和物质活动、享受和劳动、生产和消费由不同的个人来分担这种情况不仅成为可能，而且成为现实，而要使这三个因素彼此不发生矛盾，则只有再消灭分工"[④]。

---

① 《马克思恩格斯文集》第一卷，人民出版社2009年版，第185—186页。
② 《马克思恩格斯选集》第一卷，人民出版社2012年版，第161—162页。
③ 《马克思恩格斯选集》第一卷，人民出版社2012年版，第162页。
④ 《马克思恩格斯选集》第一卷，人民出版社2012年版，第162—163页。

和分工相伴而生的是分配，而且是不平等的分配，这就产生了所有制。由于在生产中的地位和作用不同，其中一些人能够支配另一些人的劳动，这就是所有制的本质。因此，"其实，分工和私有制是相等的表达方式，对同一件事情，一个是就活动而言，另一个是就活动的产品而言"①。而且，随着分工的进一步发展，单个人的利益和整个家庭的利益、单个家庭的利益和所有互相交往的个人的共同利益之间必然产生对立和矛盾。"只要特殊利益和共同利益之间还有分裂，也就是说，只要分工还不是出于自愿，而是自然形成的，那么人本身的活动对人来说就成为一种异己的、同他对立的力量，这种力量压迫着人，而不是人驾驭着这种力量。"②这种异化的外在于人的物质力量，即私有财产在不断自我肯定的过程中，积累着自我否定的因素，只有在不断的共产主义运动中扬弃自身，才能使"存在和本质、对象化和自我确证、自由和必然、个体和类之间的斗争"③的"历史之谜"不断得到解答。

（六）实践的唯物主义：共产主义是历史向度

历史本质上是现实的个人的感性活动以及与此相应的交往方式的变革的过程，也是所有制和分工不断演化和自我扬弃的过程。那么，人类解放的价值理想就不是只通过对现实此岸世界的理论批判就能实现的，必须在人们不断生成的物质生活条件中，通过现实的革命性实践，才能不断历史地实现着的现实运动。正如马克思、恩格斯在《德意志意识形态》中所指出的："如果还没有具备这些实行全面变革的物质因素，就是说，一方面还没有一定的生产力，另一方面还没有形成不仅反抗旧社会的个

---

① 《马克思恩格斯选集》第一卷，人民出版社2012年版，第163页。
② 《马克思恩格斯选集》第一卷，人民出版社2012年版，第165页。
③ 《马克思恩格斯文集》第一卷，人民出版社2009年版，第185页。

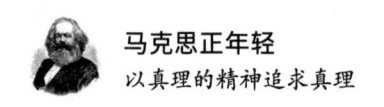

别条件，而且反抗旧的'生活生产'本身、反抗旧社会所依据的'总和活动'的革命群众，那么，正如共产主义的历史所证明的，尽管这种变革的观念已经表述过千百次，但这对于实际发展没有任何意义。"①

费尔巴哈的问题恰恰在于，他"把人只看做是'感性对象'，而不是'感性活动'，因为他在这里也仍然停留在理论领域，没有从人们现有的社会联系，从那些使人们成为现在这种样子的周围生活条件来观察人们"②。也正是因为这样，"他从来没有把感性世界理解为构成这一世界的个人的全部活生生的感性活动"，"是在共产主义的唯物主义者看到改造工业和社会结构的必要性和条件的地方，他却重新陷入唯心主义"。③因此，"当费尔巴哈是一个唯物主义者的时候，历史在他的视野之外；当他去探讨历史的时候，他不是一个唯物主义者。在他那里，唯物主义和历史是彼此完全脱离的"④。以唯物史观为基础，马克思、恩格斯论述共产主义的实践性、历史性和批判性，把人类解放理解为一个过程，把共产主义理解为历史运动。

正是基于实践的唯物主义立场，马克思、恩格斯深刻认为，一个真正的共产主义者不是和其他的理论家一样，只是希望做到对存在的事实的正确的理解，他的任务却在于推翻这种存在的东西。马克思、恩格斯在《德意志意识形态》中指出："共产主义对我们来说不是应当确立的状况，不是现实应当与之相适应的理想。我们所称为共产主义的是那种消灭现存状况的现实的运动。这个运动的条件是由现有的前提产生的。"⑤

---

① 《马克思恩格斯选集》第一卷，人民出版社2012年版，第173页。
② 《马克思恩格斯选集》第一卷，人民出版社2012年版，第157页。
③ 《马克思恩格斯选集》第一卷，人民出版社2012年版，第157—158页。
④ 《马克思恩格斯选集》第一卷，人民出版社2012年版，第158页。
⑤ 《马克思恩格斯选集》第一卷，人民出版社2012年版，第166页。

三、唯物主义历史观的当代价值

《德意志意识形态》所建构的以实践为基础的历史生成论基本思想，既突破了以经验论为基础的抽象的历史观，也超越了以唯理论为基础的预设的历史唯心主义，系统阐发了"这些个人是从事活动的，进行物质生产的，因而是在一定的物质的、不受他们任意支配的界限、前提和条件下活动着的"①"现实的个人"的唯物史观前提，历史正是在这样的前提中创造的，也正是在不断的活动中创造着新的历史的前提，从而在未来向度的历史实践中不断超越，人类历史不过是在一定历史条件下不断实现人类解放的历史过程而已。共产主义就是一种基于实践唯物主义的人类解放的历史运动，而中国特色社会主义就是立足于中国当今时代的共产主义运动形态。我们应该基于共产主义实践向度，更加深刻地把握和理解中国特色社会主义的历史必然性和现实合理性，更加坚定中国特色社会主义自信。

（一）学习马克思主义关于人的全面发展的理论，坚持以人民为中心的根本立场

在《德意志意识形态》中，马克思、恩格斯基于唯物史观，以"现实的个人"作为出发点，以社会存在的自然历史过程所揭示的历史科学为依据，以共产主义作为现实路径，系统深入地论述了人的自由全面发展理论。这对于我们当今时代，在推进中国式现代化过程中始终坚持以人民为中心的根本立场，着眼于满足人民对美好生活的向往，不断带领人民创造历史伟业，具有十分重要的现实意义。

---

① 《马克思恩格斯选集》第一卷，人民出版社 2012 年版，第 151 页。

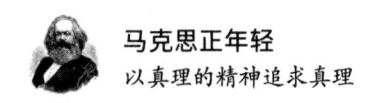

马克思正年轻
以真理的精神追求真理

第一，人的发展必须以社会物质生产作为基本前提和条件，这就决定了我们必须坚持以经济建设为中心，牢牢把握发展这个主题，为人的自由全面发展创造必需的物质基础。马克思、恩格斯在《德意志意识形态》中指出："生产力的这种发展（随着这种发展，人们的世界历史性的而不是地域性的存在同时已经是经验的存在了）之所以是绝对必需的实际前提，还因为如果没有这种发展，那就只会有贫穷、极端贫困的普遍化；而在极端贫困的情况下，必须重新开始争取必需品的斗争，全部陈腐污浊的东西又要死灰复燃。"①邓小平指出："我们讲社会主义是共产主义的初级阶段，共产主义的高级阶段要实行各尽所能、按需分配，这就要求社会生产力高度发展，社会物质财富极大丰富。所以社会主义阶段的最根本任务就是发展生产力。"②

第二，与私有制相联系的自然分工造成了人的片面发展，这就决定了中国特色社会主义必须坚持公有制的主体地位，让改革发展成果更好促进每一个人的自由全面发展。马克思、恩格斯在《德意志意识形态》中指出："当分工一出现之后，任何人都有自己一定的特殊的活动范围，这个范围是强加于他的，他不能超出这个范围：他是一个猎人、渔夫或牧人，或者是一个批判的批判者，只要他不想失去生活资料，他就始终应该是这样的人。"③共产党人的历史使命就是通过不断自我革命推动社会革命，不断推进人的自由全面发展，而要完成这样的历史使命就必须首先掌握政权，通过建立和完善社会主义制度克服资本对人的统治。社会主义生产的目的并不是服从资本的逻辑单纯追求资本的增值，而是更好地服从和服务于人的自由全面发展，让人民群众共享改革发展成果，这就

---

① 《马克思恩格斯选集》第一卷，人民出版社 2012 年版，第 166 页。
② 《邓小平文选》第三卷，人民出版社 1993 年版，第 63 页。
③ 《马克思恩格斯选集》第一卷，人民出版社 2012 年版，第 165 页。

必须坚持公有制的主体地位，让改革和发展始终坚持社会主义方向。

（二）坚持唯物史观基本原理，充分认识共产主义的历史必然性和中国特色社会主义现实合理性

马克思、恩格斯揭示了人类社会历史发展的基本规律，并以此为依据科学地阐明了共产主义代替资本主义的历史必然性。

第一，共产主义的实现是人类社会生产力和生产关系矛盾运动的必然结果。马克思、恩格斯指出，物质生产是社会存在和发展的基础，而物质生产方式又表现为生产力和交往形式即生产关系两个方面。其中，生产力决定着交往形式，交往形式又制约着生产力。当交往形式同生产力发展状况相适应时，它是生产力发展不可缺少的条件，而当它同生产力发展状况不相适应时，便成为生产力发展的桎梏。生产力和交往形式的相互作用，构成了二者的矛盾运动。任何一种交往形式即生产关系在其产生之初都是与当时的生产力的发展相适应的，因而对于在其中生活的个人来说，是"自主活动的条件"。但是，随着生产力的发展，原先的交往形式便变成束缚人的自主活动的桎梏，因而它必然要被适应于比较发达的生产力的新的交往形式所代替。资本主义所有制也是历史的、暂时的，随着资本主义社会生产力的发展，它也必然要被新的交往形式即共产主义所有制所代替。

第二，资本主义社会生产力的发展为共产主义准备了物质条件。马克思、恩格斯指出，资本主义所有制的建立是同当时生产力的发展相适应的，它促进了生产力的快速增长，具有一定的历史合理性。但是，随着大工业的进一步发展，资本主义生产关系本身的局限性与不断发展的社会大生产之间的矛盾也就开始激化，并不断以周期性的经济危机方式

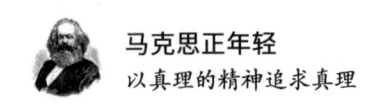

表现出来。马克思、恩格斯在《共产党宣言》中指出:"社会所拥有的生产力已经不能再促进资产阶级文明和资产阶级所有制关系的发展;相反,生产力已经强大到这种关系所不能适应的地步,它已经受到这种关系的阻碍;而它一着手克服这种障碍,就使整个资产阶级社会陷入混乱,就使资产阶级所有制的存在受到威胁。资产阶级的关系已经太狭窄了,再容纳不了它本身所造成的财富了。"[1] 因此,资产阶级的灭亡和无产阶级的胜利是同样不可避免的。

第三,无产阶级是实现共产主义的中坚力量。马克思、恩格斯指出,资本主义大工业的发展,不仅创造了巨大的生产力,为共产主义准备了物质前提,而且创造了埋葬自己的主体力量,即无产阶级。他们在《德意志意识形态》中指出:"要使这种异化成为一种'不堪忍受的'力量,即成为革命所要反对的力量,就必须让它把人类的大多数变成完全'没有财产的'人,同时这些人又同现存的有钱有教养的世界相对立,而这两个条件都是以生产力的巨大增长和高度发展为前提的。"[2] 虽然无产阶级创造了巨大的社会财富,但是他们却把自己变成了越来越廉价的商品,完全被排除在社会之外,因此,由他们的经济地位所决定,无产阶级必然要求实行最彻底的革命,消灭一切形式的私有制,从而消灭任何阶级的统治以及这些阶级本身,代之以共产主义公有制,实现自由人的联合体对全部生产力的占有。这样的革命性实践就是共产主义运动,它的主体力量是无产阶级。

社会主义作为马克思主义的实践形态,必须立足于一定的历史前提,即每一个民族、每一个国家根据自己的历史传统和所处的发展阶段,选择适合自己的道路和方案,进行造福人民、实现人类解放的历史实践。

---

[1] 马克思、恩格斯:《共产党宣言》,人民出版社2018年版,第33页。
[2] 《马克思恩格斯选集》第一卷,人民出版社2012年版,第165—166页。

中国特色社会主义，就是中国共产党人坚守马克思主义的基本立场观点方法，立足我国国情、扎根中华文化传统、着眼解决时代课题，在为中国人民谋幸福、为中华民族谋复兴的伟大历史进程中，历经革命、建设和改革找到的一条通向自由王国的光明大道，必须始终坚持和不断发展完善。

第十三章　把握经典的生命力

马克思主义的经典之所以是经典，就在于其以真理的力量跨越时空，深刻阐明了人类社会发展的规律，深刻指明了人类社会发展的必然趋势和人类解放的光明大道。马克思可以说是资本主义的社会医生，运用唯物史观分析人类历史，运用剩余价值学说诊断资本主义的病症，科学揭示了真正"历史科学"的精神实质，高瞻远瞩地预见了资本主义的历史命运。

例如，被誉为"工人阶级的圣经"的《资本论》，是马克思主义的重要著作之一，集中阐释了马克思主义政治经济学的基本原理和方法论，深刻揭示了资本的产生、发展、运动规律，指明了社会主义必然取代资本主义的历史趋势，具有鲜明的科学性和真理性。《资本论》历经沧桑而不衰，在长时间的实践考验中始终闪耀着真理的光芒。开启全面建成社会主义现代化强国新征程，开辟当代中国马克思主义政治经济学新境界，仍然需要我们阅读《资本论》、学习《资本论》，立足我们所处的时代条件，掌握贯穿《资本论》的科学判断和严谨逻辑，深刻把握马克思主义的真理性与价值性。

一、经典著作针对的历史时代没有过去

习近平总书记在2017年9月29日主持第十八届中央政治局第四十三次集体学习时指出:"尽管我们所处的时代同马克思所处的时代相比发生了巨大而深刻的变化,但从世界社会主义500年的大视野来看,我们依然处在马克思主义所指明的历史时代。这是我们对马克思主义保持坚定信心、对社会主义保持必胜信念的科学根据。"① 整个世界政治经济格局中,资本统治的时代并没有结束,因此,马克思的资本批判理论不可能丧失真理性。

顾名思义,《资本论》是对资本这种社会现象的分析和研究,是对资本主义生产方式以及和它相适应的社会关系和生活方式的深刻剖析与本质揭示。马克思、恩格斯主要生活在19世纪的西欧社会,正是西方资本主义生产方式处在上升阶段的历史时期,《资本论》是针对以赤裸裸的资本主义生产方式为主导的历史现象进行的深层逻辑研究。

只要资本逻辑还在起主导性、支配性的作用,《资本论》的批判就具有现实针对性和真理性。虽然当今世界政治、经济、文化呈现多极化趋势,科学社会主义运动取得了令人瞩目的辉煌成就,但是毋庸置疑,客观上当今世界仍然是资本主义生产方式占据主导的世界,资本逻辑在世界经济政治格局中仍然占据主导地位,我们仍然生活在马克思所指明的时代。《资本论》没有过时,也不可能过时,因为彻底消灭资本逻辑的现实条件还不具备。正如习近平总书记所指出的:"有些人认为,马克思主义政治经济学过时了,《资本论》过时了。这个论断是武断的,也是错误的。"②

---

① 《习近平谈治国理政》第二卷,外文出版社2017年版,第66页。
② 习近平:《不断开拓当代中国马克思主义政治经济学新境界》,《求是》2020年第16期。

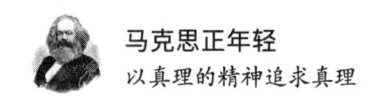

资本的逻辑就是价值增值的逻辑,通过榨取剩余价值实现价值增值,是资本存在的意义,也是资本主义生产的秘密所在。马克思在《资本论》中深刻揭示了资本的逻辑,他指出:"生产剩余价值或赚钱,是这个生产方式的绝对规律。"① 当今时代,资本逻辑仍然在许多领域发挥作用,还不可能完全被取代。一方面,资本主义生产方式所带来的生产力水平还没有得到充分释放,还没有达到生产力与生产关系完全难以相容的地步,与此同时,现代资产阶级也在极力寻找新方法新途径缓和资本主义固有矛盾,大大延长了矛盾爆发的周期。另一方面,资本逻辑带来的一系列社会问题还没有得到彻底解决:资本逻辑造成的社会贫富差距仍然存在,资本在其增值的逻辑支配下使社会财富向少数人聚集,造成社会的严重分裂与不公;资本逻辑开始由物质生产领域向精神思想领域渗透,一些地方出现了拜金主义、金钱至上的不良思潮;资本逻辑造成人的异化和物化现象,严重制约人的自由与发展;等等。针对这种生产异化、消费异化、人的异化等诸多资本逻辑带来的社会现象,《资本论》提供的逻辑与方法无疑是人类走向自由解放最根本的路径。

二、经典著作贯穿的内在逻辑无懈可击

古希腊哲学家赫拉克利特说过两句经典的话,体现了辩证法思想:一句是"人不能两次踏进同一条河流";另一句是"上升的路和下降的路是同一条路"。这两句话深刻阐明了辩证法的实质,即万物皆流,无物常驻,所有的事物的存在都是有条件的,没有永恒不变的绝对存在。这就告诉人们,所有的事物都处于不断的运动变化的过程之中,其合理性展

---

① 马克思:《资本论(纪念版)》第一卷,人民出版社2018年版,第714页。

开的过程就是走向自己反面的过程，充分阐明了辩证法的批判性和革命性。马克思在为《资本论》第一卷第二版写作的跋文中提出："辩证法不崇拜任何东西，按其本质来说，它是批判的和革命的。"[①]辩证法是马克思写作《共产党宣言》《资本论》所贯穿的基本逻辑，即批判性的逻辑和革命性的逻辑。正如马克思为《资本论》所起的副标题——《政治经济学批判》，《资本论》通篇也贯穿着辩证法批判性与革命性的逻辑。

批判与革命是统一的，批判性内在蕴含着革命性的必然性，革命性是批判性的必然归宿。所谓"批判"，现实的逻辑意义就是"澄清前提"和"划定界限"，揭示所有事物存在的历史条件性。《资本论》对政治经济学的批判即搞清楚资本逻辑发挥作用的前提条件和资本逻辑所必然达到的自身不可超越的界限。资本自身运行的逻辑中就内在蕴含着自己否定自己的因素，其结果最终必然是经过"否定的否定"环节，在充分展开自己之后自己否定自己走向共产主义。可见，《资本论》的思维工具是唯物辩证法，剖析的现实对象是资本主义生产方式，得出的科学结论是"两个必然"，这才是《资本论》的真正要义所在。

建立在辩证法的基本逻辑之上，《资本论》阐明了资本在什么样的前提条件下得以产生，以及经过什么样的历史过程达到自身无法超越的界限，从而只是具备一定的历史合理性的问题。资本作为生产要素产生于工业革命的背景之下，资本一经诞生，有效调动了各生产要素之间的配置，极大地提高了生产力的水平，创造了大量社会财富，这是资本的历史合理性所在。在此基础之上，《资本论》又深刻揭示了资本的历史局限性，马克思说："资本的垄断成了与这种垄断一起并在这种垄断之下繁盛起来的生产方式的桎梏。生产资料的集中和劳动的社会化，达到了同它

[①] 马克思：《资本论（纪念版）》第一卷，人民出版社2018年版，第22页。

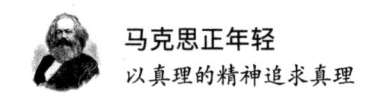

们的资本主义外壳不能相容的地步。这个外壳就要炸毁了。资本主义私有制的丧钟就要响了。"[①] 资本主义的生产方式由于其自身固有矛盾的存在，必然被历史的进程所扬弃，这是资本历史辩证法的必然过程。

《资本论》对资本主义的批判从来不是道德的谴责和伦理的批判，而是基于历史辩证法的现实批判，是马克思运用辩证法分析现实问题的典范，是抽象与具体的有机统一，是历史与逻辑的有机统一，是批判与革命的统一，使其科学结论建构在无懈可击的辩证法的铁的逻辑基础之上，从而具有了颠扑不破的真理性。

三、经典著作得出的科学结论毋庸置疑

《资本论》问世已经一个半世纪多，当今时代，资本主义的发展程度已经同马克思、恩格斯生活的那个年代不可同日而语。资本全球化深入发展，科学技术飞速进步，出现了一批诸如股份制、无人工厂等马克思、恩格斯没有见到过、预想过的新鲜事物。因此，有人提出《资本论》中的一些结论是错误的、与事实不符的。但不论资本主义生产方式的外在表现如何变化，都没有超出《资本论》对这种生产方式的研究范围，都驳不倒《资本论》对此的分析和判断，《资本论》所给出的答案毋庸置疑。

马克思主义从来不是僵死的教条，而是指导我们具体问题具体分析的行动指南。《资本论》作为马克思主义的重要著作同样如此。《资本论》不仅告诉了我们资本是如何产生、如何运行的等一系列问题的答案，更重要的是为我们提供了分析资本问题的方法。只要我们掌握这些方法的精髓，并依据具体的历史的条件活学活用地分析现实的问题，那么，不

---

① 马克思：《资本论（纪念版）》第一卷，人民出版社2018年版，第874页。

论资本主义生产方式发生什么样的变化、产生什么样的新事物，我们都能够透过现象进行本质性的分析、做出合理的判断、得出科学的结论。例如，如何看待无人工厂中的价值创造问题，有的观点认为是机器或者人工智能在创造价值，错误地认为创造价值的不仅是劳动，还应该有其他生产要素。这并不是什么新观点，早在马克思的时代就有要素价值论的思想，马克思曾经进行过深刻的批判。事实上，根据《资本论》，价值是人与人的关系，创造价值的只能是活劳动，只不过科技工作者所创造的不是像复杂劳动那样倍加的简单劳动所创造的价值，而是高于一般复杂劳动所创造价值的指数、级数的价值，凝结在这些机器和人工智能的不变资本中，通过生产过程不断转移到产品中去了。

当今资本主义出现的新事物新变化，根本上仍然是资本主义的生产方式，只是外在表现的形式变了，但其内在的生产规律没有改变，其生产的根本目的也没有改变。《资本论》是对资本主义生产方式内在规律的根本性分析和揭示，是被实践证明了的科学的分析方法与判断。即使在当今时代，《资本论》给出的答案和结论仍然没有被颠覆，我们运用《资本论》的方法和结论仍然可以解释当今资本主义世界发生的新变化、产生的新问题。

四、经典著作所指明的历史趋势不可避免

在《资本论》的结尾部分有这样一段话："在这个必然王国的彼岸，作为目的本身的人类能力的发挥，真正的自由王国，就开始了。"[1]所谓"自由王国"，正是马克思主义者的共产主义理想，是广大人民群众实现自身解放的终途，也是资本运动的必然结果和趋势。《资本论》通过对资本主义生产

---

[1] 马克思:《资本论（纪念版）》第三卷，人民出版社2018年版，第929页。

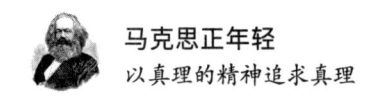

方式的分析，揭示了人类社会发展的一般规律，揭示了资本主义运行的特殊规律，为人类指明了从必然王国向自由王国飞跃的途径，为人民指明了实现自由和解放的道路。《资本论》所指明的这一人类发展历史趋势不可避免，这正是《资本论》的正确性和科学性所在。

当今世界资本主义与社会主义的力量对比现状改变不了《资本论》所指明的历史趋势。一方面，当今世界仍然由西方资本主义强国占据优势地位，而且一些资本主义国家采取高额福利制度，大大改善和缓和本国的劳资关系与社会矛盾，呈现出一派资本主义世界"欣欣向荣"的景象。另一方面，自苏联解体、东欧剧变等历史事件发生以来，国际共产主义运动陷入低潮，一些原有的社会主义国家改旗易帜，走上了西化的道路。但是，资本主义无论如何发展和完善自己，只要不从根本上否定资本的逻辑，资本逻辑所带来的问题都不可能从根本上得到解决。正如《共产党宣言》所指出的："资产阶级用什么办法来克服这种危机呢？一方面不得不消灭大量生产力，另一方面夺取新的市场，更加彻底地利用旧的市场。这究竟是怎样的一种办法呢？这不过是资产阶级准备更全面更猛烈的危机的办法，不过是使防止危机的手段越来越少的办法。"[①] 资本主义的繁荣是虚假的繁荣，掩盖不了其必然走向衰亡的历史趋势，其造成的社会撕裂程度会不断加深，资产阶级的灭亡和无产阶级的胜利是同样不可避免的。

中国特色社会主义进入了新时代，中国共产党领导下的当代中国在全世界高扬起了社会主义的旗帜，有力彰显着中国特色社会主义的强大制度优势和旺盛生命力，书写了21世纪马克思主义的新篇章，用实践证明着马克思主义的科学性与真理性。

---

① 马克思、恩格斯：《共产党宣言》，人民出版社2018年版，第33—34页。

第三篇

活学活用活的灵魂

第十四章　时代精神的引领者

第十五章　学用哲学的好传统

第十六章　走自己路的自主性

第十七章　中国道路的合理性

第十八章　中国经验的主体性

第十九章　唯物史观的主动性

第十四章　时代精神的引领者

2016年，习近平总书记在哲学社会科学工作座谈会上的讲话中指出："历史表明，社会大变革的时代，一定是哲学社会科学大发展的时代。当代中国正经历着我国历史上最为广泛而深刻的社会变革，也正在进行着人类历史上最为宏大而独特的实践创新。这种前无古人的伟大实践，必将给理论创造、学术繁荣提供强大动力和广阔空间。这是一个需要理论而且一定能够产生理论的时代，这是一个需要思想而且一定能够产生思想的时代。我们不能辜负了这个时代。"[①]一切有理想、有抱负的哲学社会科学工作者都应该立时代之潮头、通古今之变化、发思想之先声，积极为党和人民述学立论、建言献策，担负起历史赋予的光荣使命。

作为哲学理论工作者，面对当代中国生机勃勃的伟大实践对理论的渴望与理论创新相对不足的矛盾，我们应该深入思考一个问题：在当今时代哲学理论如何跟上时代并引领时代？这就需要我们深入认识和把握哲学的本质、哲学理论，掌握群众和引领时代的规律，并在此基础上运用科学思想方法、表达方式和时代话语进行哲学理论创新，以能够反映时代精神的哲学引领时代，更好担负起哲学理论工作者的光荣使命。

---

① 习近平：《在哲学社会科学工作座谈会上的讲话》，人民出版社2016年版，第8页。

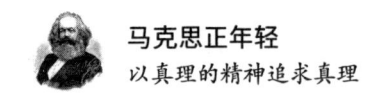

一、哲学不是科学的科学

科学是体系化的知识，而哲学是系统化的智慧。有一种说法认为，哲学是科学的科学。这貌似是对哲学的赞誉和肯定，事实上不仅误解了科学，而且贬低了哲学。哲学根本就不是科学，哲学与科学有着根本的区别。哲学和科学的不同主要在于以下几个方面。

（一）二者关注的对象不同

《周易》有言："形而上者谓之道，形而下者谓之器。"科学关注的对象是形而下的"器"，即现象世界的事情；而哲学关注的对象是形而上的"道"，即超越器物世界去寻找现象的本源和根据。器有形有相，道无形无相。器可以知，道必须悟。科学以感性和经验世界作为对象，哲学则以思想和理念世界作为对象。科学所面对的世界是可感知的世界，是以经验作为基础和对象，因此，科学的问题是可以通过感知、实验或者技术手段进行检验的；而哲学所面对的世界是超感知的世界，是以人们的思想本身作为基础和对象，因此，哲学的问题通过外在的感官或者实证的手段是没法进行检验的，必须通过思想的力量进行抽象、把握和领悟。

（二）二者关注的问题性质不同

科学关注的问题从理论上来讲都是有确定的结果的，也就是说，是可以被证实或者被证伪的。由于人们在一定的历史阶段上认识能力的局限性，对有些现象还不能给出科学的解释和说明。即便如此，这也并不影响科学问题的确切性，因为这些问题终将得到确切的答案。然而，哲学关注的问题从本质上来讲本来就没有确切的答案，甚至根本就没有答案。

对于同一个哲学问题，不同的人可以给出不同的答案，可谓见仁见智、众说纷纭、莫衷一是而又可以自圆其说，并没有谁对谁错。从这个意义上来讲，科学关注的问题可以说是有解的问题，而哲学关注的问题可能是无解的难题。

（三）二者回答问题的方式不同

科学和哲学关注的对象不同、关注的问题性质不同，它们回答问题的方式也大相径庭。科学专注于对经验和感性现象的"为什么"问题的探索。科学关注的问题终究是有确定的答案的。对科学来说，一旦得到了确切的答案，认识的任务就结束了，就不再追问这一问题，而是把关注的眼光聚焦到其他的问题。因此，科学的问题域总是在不断拓展，这些问题域的问题是并列的关系。由一系列并列的问题组成问题群，这些问题和答案就构成了一门科学。例如，由一系列"人为什么会生病"这样的问题组成问题群以及答案，就构成了一门科学，即病理学。但是哲学与此不同。亚里士多德认为哲学是对"思想的思想"，黑格尔也有类似的表达：哲学是对"反思的反思"。哲学专注于人们对经验和感性现象的"为什么"问题进行思考所得到的思想进行反思，也就是进一步对"为什么"背后的"为什么"问题进行追问。科学在发问的时候，哲学不去发问，因为在哲学看来这些根本就不是问题。一旦对一个问题得到了确切的答案，科学就会停止追问。但是，这个时候哲学便开始了追问，而且会就这一个问题不断追问下去，旨在找到最终的"第一因"。也许这个最终的"第一因"根本就不存在，但是这并不影响哲学的追问活动。哲学追问问题的方式不是旨在探求未知领域而不断拓展问题域的范围，而是旨在追问事物的最终本原而沿着一个问题不断地深入进去刨根问底、追

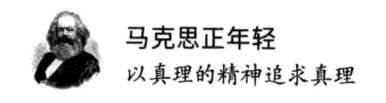

根溯源。

（四）二者认识世界的目的和结果不同

人类的活动基本上涉及两个方面：认识世界和改造世界。其中认识活动分别指向两个世界：实然世界和应然世界。实然世界是现实，对实然世界的认识形成事实判断；应然世界是理想，对应然世界的认识形成价值判断。在现实和理想之间，在实然世界通往应然世界的过程中，有一座桥梁，这就是改造世界。科学主要指向实然世界，认识世界的目的在于解释世界，做出事实判断，找到客观的规律，进而改造世界和控制世界，其认识的结果是知识或者技术。哲学主要指向应然世界，认识世界的目的在于寻觅意义，做出价值判断，寻找人们存在的意义与命运，其认识的结果是智慧或者价值。科学为了改造世界，通过回答"怎么办"的问题追求效率，不断寻找工具理性，以提升人类自身的物质力量来控制世界。哲学为了美好生活，通过回答"该不该"的问题追问意义，不断追问价值理性，以提升人类自身的反思能力走向美好未来。人们只有处理好科学和哲学的关系，才能在事实和价值之间、现实和理想之间、实然和应然之间运用正确的思想方法和工作方法，不断正确认识世界和有效改造世界，在实践中不断实现"真""善""美"的统一。

可见，哲学本身的活动就是不断对价值的追问与回答，不同的哲学对同一个问题可能给出不同甚至完全相反的答案。因此，哲学从来都不是价值中立的，不同的哲学会给出不同的价值主张，会对人类的实践活动指向不同的未来，会引领人们的生命活动走向不同的命运。可以说，哲学最根本的要素就是价值，我们也可以根据不同的价值主张来区分本质不同的哲学。当然，哲学作为一个思想体系，仅仅有价值还是不够的，还必须有另一个要素来共同发挥作用，这就是逻辑。逻辑就是哲学自我展开和自我论证的思维方式。因此，任何一种哲学都有两个要素——价值和逻辑。价值就是哲学的本质和立场，逻辑就是哲学的方法和表达。价值和逻辑二者不能割裂。没有"价值"的哲学不能称其为哲学，充其量只是逻辑演算；没有"逻辑"的哲学不能称其为哲学，充其量只是格言或者想法。

二、坚守哲学的基本价值

哲学理论如果想要引领时代，首先要给时代提供未来、指引方向，以引领人们走向美好生活，这就需要提供真正的"善"的价值标准，以给人们的实践活动和技术力量提供"该不该"这么做的判断标准。所以，哲学必须找到并坚守自己的基本价值。无论处于什么样的立场，至少要有立场，而且立场要坚定。如果立场是动摇的，这样的学术研究是没有意义的，这样的哲学是没有灵魂的。毫无疑问，能够坚守崇高向善立场的哲学，不仅能够得到人们的价值认同，而且还可以引领时代不断走向光明。

毋庸置疑，在当代中国，中国特色社会主义事业和社会主义现代化的伟大实践，都是以马克思主义哲学为指导来推进的，马克思主义的根本立场就是我们的哲学理论的基本价值。无论采取什么样的表达方式、运用什么样的理论形态来述说我们的哲学理论，这个根本立场和价值追求任何时候都不能动摇。这个根本立场和价值追求是什么呢？就是人民立场，为了实现人类解放不断革命。正如1883年恩格斯在马克思墓前的讲话中所指出的："马克思首先是一个革命家。他毕生的真正使命，就是以这种或那种方式参加推翻资本主义社会及其所建立的国家设施的事业，

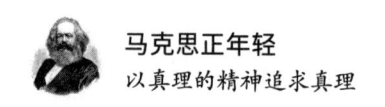

参加现代无产阶级的解放事业。"①显然，马克思是一个革命家，他的理论是革命的理论，他的实践是革命的实践。他认为革命的目的归根结底在于大多数人的解放、自由，以及为绝大多数人谋福利。

我们党团结带领全国各族人民搞革命、抓改革、促发展，归根结底都是为了更好地造福人民、为人民谋福利，坚守了马克思主义的核心价值追求。新时代中国特色社会主义的生动实践，就是当代中国行马克思主义之大"道"的具体历史活动。作为哲学理论工作者，要坚守这样的价值立场，面对社会思想观念和价值取向日趋活跃、主流和非主流同时并存、社会思潮纷纭激荡的新形势，把中国特色社会主义的伟大实践的道义力量和真理的力量不断彰显出来，巩固马克思主义在意识形态领域的指导地位，培育和践行社会主义核心价值观，巩固全党全国各族人民团结奋斗的共同思想基础，为实现第二个百年奋斗目标、实现中华民族伟大复兴的中国梦凝心聚力。

三、保持哲学的时代热情

哲学要关注时代，哲学理论要有温度。温度从哪里来？这就要求我们通过热情的批判这个时代，去反思这个时代，去把握这个时代。马克思指出："哲学家并不像蘑菇那样是从地里冒出来的，他们是自己的时代、自己的人民的产物，人民的最美好、最珍贵、最隐蔽的精髓都汇集在哲学思想里。"②"任何真正的哲学都是自己时代的精神上的精华，因此，必然会出现这样的时代：那时哲学不仅在内部通过自己的内容，而且在外部通过自己的表现，同自己时代的现实世界接触并相互作用。那时，哲

---

① 《马克思恩格斯全集》第二十五卷，人民出版社 2001 年版，第 597 页。
② 《马克思恩格斯全集》第一卷，人民出版社 1995 年版，第 219—220 页。

学不再是同其他各特定体系相对的特定体系，而变成面对世界的一般哲学，变成当代世界的哲学。各种外部表现证明，哲学正获得这样的意义，哲学正变成文化的活的灵魂，哲学正在世界化，而世界正在哲学化"[①]。这些经典论断不仅深刻地揭示了哲学的本质——既反映现实世界又融入现实世界，关注现实世界变革，在现实生活中发挥活的灵魂作用，而且指明了哲学随时代变迁的历史必然性。哲学作为时代精神的精华，理应对当代的社会实践和时代特征进行深刻把握、概括提炼和批判反思。

改革开放以来，我们党既坚持科学社会主义基本原则，又坚持解放思想、实事求是、与时俱进，成功开辟了中国特色社会主义道路。这条道路，马克思主义经典作家没有讲过，前人没有走过，它包含一系列重大的实践创新，为新的时代条件下推进哲学创新提供了深厚的实践基础。为此，我国要激活哲学研究，必须准确捕捉当今中国问题，再把中国问题提升到哲学层面进行研究，进而阐释出哲学理念、思想与思维方式。正如马克思所指出的："一个时代的迫切问题，有着和任何在内容上有根据的因而也是合理的问题共同的命运：主要的困难不是答案，而是问题。因此，真正的批判要分析的不是答案，而是问题。正如一道代数方程式只要题目出得非常精确周密就能解出来一样，每个问题只要已成为现实的问题，就能得到答案。世界史本身，除了用新问题来回答和解决老问题之外，没有别的方法。因此，每个时代的谜语是容易找到的。这些谜语都是该时代的迫切问题，如果说在答案中个人的意图和见识起着很大作用，因此，需要用老练的眼光才能区别什么属于个人，什么属于时代，那么相反，问题却是公开的、无所顾忌的、支配一切个人的时代之声。问题是时代的格言，是表现时代自己内心状态的最实际的呼声。"[②]哲学理

---

① 《马克思恩格斯全集》第一卷，人民出版社 1995 年版，第 220 页。
② 《马克思恩格斯全集》第一卷，人民出版社 1995 年版，第 203 页。

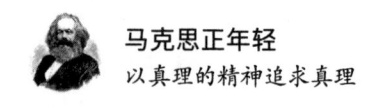

论如果要引领时代，就必须充分关注哲学时代问题，为探索解决这些时代问题作出思想贡献。

中国共产党人和中国人民在长期的革命、建设和改革的创新实践中，结合中国实际对马克思主义哲学作出了许多重要发展，形成了中国共产党人的科学世界观方法论。重视对这些实践创新和理论创新成果的吸收，是推进马克思主义哲学中国化的必然要求。改革开放40多年来的创新实践，我们不仅取得了举世瞩目的伟大成就，而且形成了举世瞩目的"中国模式"和"中国经验"，蕴含丰富的"中国智慧"。研究中国问题，总结中国经验，完善中国模式，提升中国共识，是摆在中国思想者面前的现实课题。在40多年的改革开放实践中形成的中国特色社会主义理论体系，不仅有自己坚实的哲学基础，而且有自己独特而丰富的哲学思想内容，例如，"以解放思想为主题的唯物论""以人民为中心的价值论""以实践为基础的认识论""以系统观念为根本的方法论""以问题为导向的实践论"等，这些理论创新成果不仅鲜明体现了当代的时代精神，而且由于其内在逻辑的一致性，本身就形成了一套科学体系。这些理论创新成果本身就是运用马克思主义基本原理解决当代中国和当代世界问题得出的科学结论，因而研究和整合这些理论成果成为推进哲学理论创新极为重要的途径之一。

马克思主义中国化既是理论内容中国化的过程，也是话语体系中国化的过程。在研究如何看待中国问题的过程中，在意识形态领域围绕中国道路而展开的话语体系和话语权的争夺非常激烈，因此，构建当代中国哲学话语体系，系统而合理地阐释中国特色社会主义，对于全面认识中国、坚定中国自信、建构中国软实力、巩固我国意识形态安全，具有重要的战略意义。中国特色社会主义是当代中国哲学话语体系的基础、核心和载体，因而，要围绕中国特色社会主义来建设当代中国哲学话语体系，确立言之有物的坚实的"话语基础"、言之有道的精练的"话语核心"、言之有理的系统的"话语内容"、言之有效的科学的"话语方式"、言之有信的坚定的"话语自信"、言之有声的快捷的"话语传播"、言之有力的"话语权"，构建中国哲学社会科学自主知识体系，从而传播好中国声音，讲好中国故事，展现中国形象。

如果说科学的精神是怀疑，那么，哲学作为"思想的思想"和"反思的反思"，其基本精神应该是对怀疑的怀疑，也就是批判。哲学要关注时代，保持理论的温度，热情地批判这个时代、反思这个时代，把哲学的基本价值、严密逻辑与中国话语同时代问题结合起来，唯有如此，哲学理论才能不仅从时代中产生，而且能跟上时代，和时代携手并进，从而真正引领时代。

第十五章　学用哲学的好传统

习近平总书记指出:"我们党自成立起就高度重视在思想上建党,其中十分重要的一条就是坚持用马克思主义哲学教育和武装全党。学哲学、用哲学,是我们党的一个好传统。"① 在我们党领导人民进行革命、建设、改革的百年历程中,形成了许多历史经验和智慧,其中一条就是学习和运用马克思主义哲学指导实践。在新时代,我们要弘扬这一优良传统,深刻认识马克思主义哲学的重大理论意义和现实意义,不断接受马克思主义哲学智慧滋养,掌握好马克思主义世界观和方法论,自觉用马克思主义哲学武装头脑、指导实践。

一、用好思想武器,推动社会革命

马克思主义哲学之所以不同于其他派别的哲学理论,最主要是因为它是革命性的理论,具有强大的变革现实的能力。纵观整个世界哲学史,着眼于解释世界的思想理论有很多,但鲜有真正能够变革世界的理论,而马克思主义哲学正是这种变革世界的理论。中国共产党之所以把马克思主义作为自己的信仰,原因也正在于此。只有坚持以马克思主义为指

---

① 《习近平在中共中央政治局第十一次集体学习时强调 推动全党学习和掌握历史唯物主义更好认识规律更加能动地推进工作》,《人民日报》2013年12月5日。

导改造世界，才能实现中华民族的伟大复兴。

注重学习和运用马克思主义哲学在我们党的历史中发挥了重要的作用，极大地改变了中国的现实、推动了中国的发展进步。早在延安时期，毛泽东就带头到中央党校和抗日军政大学讲授马克思主义哲学，在这期间形成了两篇光辉的哲学著作——《实践论》和《矛盾论》。《实践论》通过分析实践与认识的辩证关系，系统阐述了马克思主义哲学的认识论；《矛盾论》通过系统论述对立统一规律，丰富和发展了马克思主义哲学的唯物辩证法。《实践论》和《矛盾论》一经问世，就对中国革命产生了深刻的影响，正是在《实践论》和《矛盾论》的基础上，我们有效破除了当时党内存在的教条主义和经验主义的错误倾向，极大提高了中国共产党人的理论水平，推动了马克思主义基本原理同中国具体实际的有机结合。这就为我们夺取全国革命胜利、建立新中国和确立社会主义制度，奠定了坚实的思想理论基础。

1978年5月10日，中央党校内部刊物《理论动态》第60期发表《实践是检验真理的唯一标准》一文。5月11日，这篇文章以特约评论员名义在《光明日报》上发表，当天新华社转发。5月12日，《人民日报》和《解放军报》同时转载，全国绝大多数省、自治区、直辖市的报纸也陆续转载，这在全国掀起了关于真理标准问题的大讨论。真理标准问题属于哲学的问题，我们正是在遵循马克思主义哲学的本真精神、坚持马克思主义哲学的世界观和方法论的基础上，从真理标准大讨论破题，实现了思想解放的重大历史进步。这场哲学层面上的讨论，对我们破除思想僵化和教条主义的迷雾、重新确立实事求是的思想路线起到了至关重要的作用。正是通过真理标准大讨论，我们破除了"两个凡是"的思想束缚，才有了走自己的路的自觉和坚定，开启了改革开放的伟大历史进程，中国大踏步地赶上了时代。

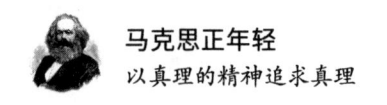

进入新时代，中国共产党人仍然继承了学哲学用哲学这一优良传统。以习近平同志为核心的党中央高度重视学习马克思主义哲学，于2013年12月3日就历史唯物主义基本原理和方法论进行十八届中央政治局第十一次集体学习，于2015年1月23日就辩证唯物主义基本原理和方法论进行十八届中央政治局第二十次集体学习，于2018年5月4日召开纪念马克思诞辰200周年大会系统总结马克思主义的核心要义和实践伟力，等等。习近平总书记多次强调，辩证唯物主义是中国共产党人的世界观和方法论，历史唯物主义是关于人类社会发展一般规律的科学，马克思主义哲学是指导我们共产党人前进的强大思想武器，要把马克思主义哲学作为自己的看家本领，推动马克思主义不断发展和事业不断进步。

二、坚持实践第一，始终实事求是

实践的观点是马克思主义哲学首要的和基本的观点，实践性是马克思主义的根本理论品格。中国共产党之所以能够在100多年来团结带领中国人民不断攻坚克难，从一个胜利走向另一个胜利，一个重要原因就在于能够始终坚持实践观点，坚持实干兴邦、不尚空谈，不断在超越现存的实践运动中实现我们的价值目标。

实现共产主义是中国共产党人的最高理想和最终目标。共产主义对我们来说，就是实践向度的革命运动。任何美好的理想都不会自动成为现实，而实践正是从现实通往理想的桥梁。美好理想的意义，就在于实现理想的过程，即革命性实践之中。中国共产党人领导人民追求共产主义，关键的一点就在于坚持实践第一的观点，牢牢立足于中国的具体国情，脚踏实地攻坚克难，用最现实的手段追求人的解放和发展，不断改造主观世界和客观世界，向着每一个目标努力奋斗。我们党的一个伟大之处就在于，从不把现存视作应当，总是能坚持问题导向，绝不回避矛盾，敢于发现问题并积极解决问题。我们党刚刚成立之时，就敏锐意识到了当时落后腐朽的社会制度及其所带来的各种矛盾问题，由此发动和领导人民开展了新民主主义革命和社会主义革命，在超越现存的实践运动中打破了旧世界、创造出了一个新世界。

坚持实践第一的观点，就要坚持实事求是。实事求是是用中国话语对马克思主义世界观和方法论做出的高度概括，体现了马克思主义哲学的一个基本观点，是对我们党认识世界和改造世界的根本要求。实事求是的基础在"实事"，就是要求我们按照事物本来的面目把握事物。而客观事物不存在于观念世界之中，人只有以实践为中介才能把握客观事物的实际情况。实事求是的关键在"求是"，需要发挥人的主观能动性。主观能动性也只有借助实践才能成为现实，也就是只有在实践中主观能动性才能把握事物发展的规律。因此，坚持实践第一就要坚持实事求是，坚持实事求是就要做到实践第一。我们党不论在革命中还是执政后，都是靠实事求是来实现兴党兴国的。革命年代，我们靠实事求是开辟了"农村包围城市，武装夺取政权"的中国式革命道路；执政以后，我们又靠实事求是开辟了中国特色社会主义道路。坚持和运用实事求是的思想路线，正是我们党坚持和运用马克思主义世界观和方法论的生动体现。

三、坚持人民至上，密切联系群众

习近平总书记强调："学习马克思，就要学习和实践马克思主义关于坚守人民立场的思想。人民性是马克思主义最鲜明的品格。"[①] 马克思主义

---

① 《习近平著作选读》第二卷，人民出版社 2023 年版，第 162 页。

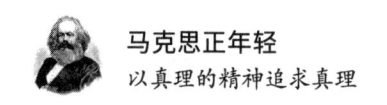

马克思正年轻
以真理的精神追求真理

之所以能够被称为是人民的理论，就在于马克思主义第一次站在人民的立场上探索人类解放的道路，为人民立言、替人民发声。马克思主义哲学的一个基本原理，就是人民群众是社会历史的主体和创造者。在这个世界上，人民群众是人类群体中的最大多数，是对历史发展贡献最大的群体，理应在创造历史的同时享受发展的成果。中国共产党就是这样一个坚持人民至上立场的政党，始终把全心全意为人民服务作为自己的根本宗旨，始终做中国工人阶级的先锋队，做中国人民和中华民族的先锋队。密切联系群众是中国共产党的最大政治优势。

纵观百年的奋斗历程，中国共产党人深刻认识到，只有紧紧依靠人民才能创造历史伟业。习近平总书记指出："人民是历史的创造者，人民是真正的英雄。波澜壮阔的中华民族发展史是中国人民书写的！博大精深的中华文明是中国人民创造的！历久弥新的中华民族精神是中国人民培育的！中华民族迎来了从站起来、富起来到强起来的伟大飞跃是中国人民奋斗出来的！"[①]我们党在成立之初只有50多个人，如果没有人民群众的支持和加入，是不可能靠这样一个小党夺取全国性革命的胜利的。截至2023年12月31日，我们党已经成为拥有9918.5万名党员的大党，完成历史使命，也同样离不开广大人民群众的支持和拥护。

国家制度在国家治理中居于重要地位，评价一种国家制度是否具有先进性和优越性，就看这种制度是以人民为中心还是以其他什么为中心。只有真正维护人民利益、尊重人民地位的制度才是好制度，否则必然不能得到人民群众的拥护，终究会被人民群众所抛弃。党的十九届四中全会明确提出，我国的国家制度和国家治理体系具有"坚持人民当家作主，发展人民民主，密切联系群众，紧紧依靠人民推动国家发展的显著优势"

---

① 《习近平谈治国理政》第三卷，外文出版社2020年版，第139页。

和"坚持以人民为中心的发展思想，不断保障和改善民生、增进人民福祉，走共同富裕道路的显著优势"。我们党能够把人民至上的立场贯穿到国家治理的全过程中去，把实现好、维护好、发展好最广大人民群众的利益作为工作的出发点、落脚点和根本评判标准，而这也正是我们在治国理政过程中运用马克思主义哲学世界观和方法论的重要体现。

中国共产党人的初心和使命，就是为中国人民谋幸福，为中华民族谋复兴。一个把造福人民作为自己初心的政党，才是真正和人民群众心连心的政党。回顾过去，正是因为我们党坚持和贯彻了马克思主义哲学关于人民立场的观点理论，才能成为这样一个人民的政党。面向未来，中国共产党人一定会永远保持同人民群众的血肉联系，坚持人民主体地位，尊重人民首创精神，自觉维护人民利益，忠实践行群众路线，永远保持对人民群众的赤子之心，永远向着人民群众对美好生活的向往不断奋斗。

四、照辩证法办事，反对形而上学

唯物辩证法是马克思主义哲学的重要内容，也是马克思主义哲学的根本逻辑方法。马克思主义哲学中的很多判断，是在唯物辩证法的基础上得出的。唯物辩证法揭示出的最基本道理，就是万事万物都处在生生灭灭的运动变化之中，我们要善于在过程之中把握事物，具体分析事物存在的条件性。

中国共产党人学习和运用马克思主义哲学，尤其注重学习和运用唯物辩证法。毛泽东就是坚持和运用唯物辩证法的共产党人杰出典范。1930年，面对党内一些同志对红军前途命运存在的悲观主义情绪，毛泽东透过现象深入分析本质，及时提出"星星之火，可以燎原"的科学论断。他指出尽管目前红军的力量弱小，但是发展很快，因为具备了发展的可

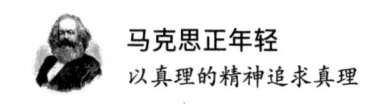

马克思正年轻
以真理的精神追求真理

能性和必然性,并预测了中国革命最终胜利的结果。当时党内一些同志之所以产生悲观主义情绪,就是因为他们只看到了中国革命过程的片面性结果,缺乏对革命趋势的深刻洞察和把握;而毛泽东则运用了唯物辩证法的根本方法,从事物发展的正反两方面入手,用联系和发展的眼光看待问题,既立足当前,又着眼长远,能够从革命发展的大趋势科学预测未来,高瞻远瞩擘画蓝图。

习近平总书记多次强调,辩证唯物主义是中国共产党人的世界观和方法论,要掌握唯物辩证法的根本方法,不断提高辩证思维能力。辩证思维正是坚持唯物辩证法的具体体现。坚持辩证思维,就是要用联系和发展的观点看待问题,反对孤立、静止、片面;要坚持重点论和两点论的统一,既能分清主流和支流,又能抓住主要矛盾、主要问题;还要处理好当前和长远的关系,善于在危机中育先机、于变局中开新局,不断推进各项事业的发展和进步。当代的中国共产党人在治国理政过程中,始终牢记唯物辩证法这一强大思想武器,承认矛盾、分析矛盾、解决矛盾,善于抓住关键、找准重点、洞察事物发展规律,坚持科学的思想方法和工作方法,分析问题和解决问题,不断有力推进中国特色社会主义伟大事业。

第十六章　走自己路的自主性

习近平总书记在庆祝中国共产党成立100周年大会上的讲话中指出："走自己的路，是党的全部理论和实践立足点，更是党百年奋斗得出的历史结论。"① 中国共产党经历了百年风雨，百年的奋斗历程深刻地揭示出一个道理：适合自己的才是最好的，只有立足自身实际，坚定"四个自信"，坚持走自己的路，我们的事业才有前途和希望。走自己的路，必须避免盲从迷信、确保正确方向、绝不封闭僵化。

一、既不迷信教条，也不盲从经验

无论是理论活动还是实践活动，都不能陷入盲从迷信的误区。所谓迷信，即未经独立自主反思的盲目相信。世界上从来不存在什么放之四海而皆准的永恒真理。真理都有其特定的条件性，脱离了具体条件，真理就会转化为谬误。面对任何一种理论，我们都不应该不假思索地全盘接受，而应该首先对其进行批判性反思和审视，再进行必要的实践检验，并在此基础上进行创造性发展和运用。能够经受得住批判性反思和实践检验的理论，才能成为我们所需要的具有真理性的理论。独立自主进行

---

① 《习近平著作选读》第二卷，人民出版社2023年版，第483页。

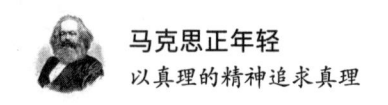

批判性反思的过程，就是立足自身实际，在实践中进行检验和发展真理，创造性地探索适合自己道路的历史过程。

（一）独立自主批判性反思，不迷信任何教条，避免陷入教条主义

教条主义是对待理论的常见错误现象。教条主义之所以会出现，就是因为教条主义者对待理论的时候脱离具体条件，不加甄别、盲目迷信、顶礼膜拜。"本本"上的结论是对具体经验的概括、总结和提炼，其中也许蕴含着一定的真理性认识，但是并不必然等于真理。因为所有的具体结论都是有条件的，在一定条件下，这些结论就是真理的表达，但是离开了这些特定的条件，就会失去真理性从而转变为谬误。教条主义离开条件陷于空谈，从而脱离实际，迷信教条，这本质上就是一种主观主义。

马克思主义一贯反对迷信教条，恩格斯指出："马克思的整个世界观不是教义，而是方法。它提供的不是现成的教条，而是进一步研究的出发点和供这种研究使用的方法。"[①] 我们反对教条主义，就要牢牢立足于自身实际，明确自身的特点和需要，按照理论所揭示的客观规律和深刻道理，根据我们的实际情况活学活用，具体问题具体分析，从而找到解决我们实际问题的现实路径，避免出现主观主义的生搬硬套和不顾实际的纸上谈兵。

教条主义者理论脱离实际，只知背诵马克思主义著作中的若干词句，"言必称希腊"，对中国革命和建设的实际情况却视而不见。教条主义脱离客观实际，如果我们不顾一切地照抄照搬教条，用不变的僵化教条去强行剪裁活生生的客观实际，就有可能使抽象的教条与具体的现实相脱节，那么我们的事业就会因为思想僵化而故步自封。子曰："君子不器。"

---

① 《马克思恩格斯选集》第四卷，人民出版社 2012 年版，第 664 页。

我们要以科学的态度对待科学、以真理的精神追求真理，坚持把马克思主义基本原理同中国具体实际相结合、同中华优秀传统文化相结合，坚持用中国化时代化的马克思主义指导实践，独立自主走自己的路，才能够有力推动我们的事业发展。

（二）解放思想创造性运用，不迷信既有经验，避免陷入经验主义

整个人类活动大致可以分为两类：一类是认识世界，一类是改造世界。其中正确认识世界是改造世界的基础和前提，而经验正是认识世界的重要途径和内容。认识活动需要经历从感性认识到理性认识、再从理性认识到实践的过程，其中感性认识的结果就是经验。经验有其合理性，有些经验是主观对客观的正确反映，重复利用经验可以满足重复性实践的需要，但是面对不断发展的新的实践特别是创新实践，经验的作用就显得捉襟见肘了，甚至会由于迷信经验而误导实践，犯下经验主义错误。经验都是过去的经验，是通过归纳法对过去的事实和做法进行的概括和总结。经验自是过去的经验，至多只能必然说明过去，却不能必然说明未来。客观事物总是随时随地发生变化的，过去的经验随着具体条件的变化也可能失去其适用性，并不意味着这些经验将来还有效。一旦把过去的经验或者别人的经验神圣化，不顾具体条件而一味地照抄照搬，就必然会陷入经验主义的泥潭。

我们不能迷信的经验，一种是别人的经验，另一种是自己的经验。别人的经验对别人有效，对我们自己不一定有效；自己的经验对过去有效，对现在和未来不一定有效。一定的经验只有在一定的条件下才起作用。我们和别人的发展起点不同、发展方式不同、发展目标不同，获得的经验也会不同。如果我们盲目照搬别人的经验，就很有可能使自己的事业走入歧途。在我们党成立初期，由于盲目迷信苏联经验，走大城市暴动

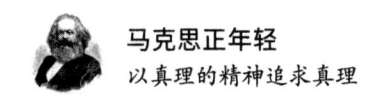

的革命路线，结果导致的是一次又一次的起义失败，革命力量被削弱，革命前景一度出现危机，后来独立自主走自己的路，开辟了"农村包围城市，武装夺取政权"的中国革命道路，才确保我们走上了符合中国实际的正确的革命道路，最终取得了革命的胜利。

我们走自己的路，就是要在自己发展的过程中总结自己的经验。只有立足于本国实际、随着实际不断发展的经验才是可靠的。正如毛泽东所呼吁的那样，"中国革命斗争的胜利要靠中国同志了解中国情况"①。为此，我们要牢牢立足于自身实际，善于在实践中总结经验，并及时上升为理论，不断形成指引我们前进的科学指南。

（三）守正创新独立性探索，不迷信西方模式，避免陷入虚无主义

由于西方社会现代化起步早，曾经一度发展很快，取得了巨大的成绩，一些人产生了迷信西方、全盘西化的错误思想。然而，东西方之间存在着巨大的社会差异、文化差异、制度差异，如果简单地照抄照搬西方模式，那么在中国大地上就可能出现"水土不服"的现象，甚至会走向现代化的陷阱。

西方文化的基础来自两希文明，即古希腊文明和古希伯来文明。其中古希腊文明中哲学占据主导，因而古希腊文明的核心是"理性"；古希伯来文明中宗教占据主导，因而古希伯来文明的核心是"信仰"。在西欧的中世纪，宗教压制了哲学，基督教神学成为西欧文化的主流。直至今天，影响犹在，西欧社会普遍信仰基督教，人们具有深厚的宗教情结。近代以来，启蒙运动使理性的光辉重新照耀了欧洲大地，基于理性原则的科学技术在西欧蓬勃发展并占据了主导地位。当今的西欧社会，普遍

---

① 《毛泽东选集》第一卷，人民出版社1991年版，第115页。

采用了资本主义的发展道路。资本主义同样是理性与信仰相结合的产物，资本主义服从理性原则，用量化的方式寻求最优解，力图排除掉一切感性和偶然的因素，以实现自身利益的最大化；同时资本主义也创造了一种新的信仰，即资本的信仰，或者说是资本拜物教、商品拜物教、货币拜物教。在资本主义社会，上帝让位于资本成为西方人心中的"普照的光"，今天的人们像过去信仰上帝一样，虔诚地信仰资本，追逐利润。

诚然，现代化是18世纪以来的世界潮流，体现了社会发展和人类文明的深刻变化，但是，资本主义自我调整和扩张的过程不仅是各种矛盾和困境丛生的过程，也是逐渐丧失其生命力的过程。肇始于西方的、资本主导下的工业化和现代化在创造了丰富的物质财富的同时，也拉大了贫富差距，引发了环境问题，失落了精神家园。纵观当今世界，资本主义主导的国际政治经济体系弊端丛生，现代化进程带来了各种赤字，用事实说话破除了资本主义现代化是唯一道路的"神话"。从现代化道路的生成规律来看，虽然不同的民族和国家在谋求现代化的征程中存在着共性的一面，但由于各个民族和国家存在着诸多差异，从而在道路选择上也必定存在诸多差异。

社会主义作为对资本私有制和资本逻辑的扬弃和超越而存在的，其核心价值就是要在解放和发展生产力的基础上，消灭剥削，消除两极分化，最终达到共同富裕。中国共产党领导的社会主义现代化，始终把实现好、维护好、发展好最广大人民的根本利益作为一切工作的出发点，让人民共享现代化成果。事实雄辩地证明，社会主义现代化建设不仅造福全体中国人民，而且对促进地区繁荣、增进各国人民福祉也将发挥积极的推动作用。

中国道路的成功向世界表明，人类的现代化道路是多元的而不是一元的，从而拓展了人类实现现代化的道路。我们用行动证明了走自己的路

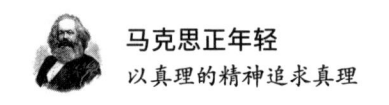

的自觉和坚定，不迷信西方，不搞全盘西化，旗帜鲜明反对历史虚无主义，坚定不移地沿着自己的路阔步前进，必将走向中华民族伟大复兴的光明前景。

二、坚守"根"和"魂"，确保正确方向

走自己的路，关键要明确两点：一是我们从哪里出发，即什么是我们的"根"和"魂"；二是我们要到哪里去，即什么是我们的发展目标。这两点是我们坚持走自己的路的底气所在，是中国式现代化必须长期坚守而不能放弃的压舱石和灯塔。我们只有保持在正确的方向上不断前进，才能确保中国特色社会主义不会离经叛道、误入歧途。走自己的路，就要始终坚持马克思主义，始终根植中国文化，始终牢记"国之大者"，才能够志不改、道不偏。

（一）始终坚持马克思主义

中国共产党是一个马克思主义政党。我们党自成立以来带领人民创造的一切成就，都是在马克思主义的指导下取得的。如果我们放弃了马克思主义的指导地位，那么，我们党就不能称其为马克思主义政党、不能称其为共产党。因此，我们坚持走自己的路、不离经叛道，第一条就是始终坚持马克思主义不动摇。

马克思主义之所以行，是因为马克思主义是科学的理论、人民的理论、实践的理论和开放的理论。马克思主义是科学的理论，因为马克思主义以唯物辩证法为其基本逻辑，通过创立唯物史观，科学揭示了人类社会发展的规律，指明了人类社会发展的方向；通过创立剩余价值学说，揭示了资本主义运动的秘密和历史命运，得出了"两个必然"的科学结

论，指明了共产主义的必然前景。马克思主义是人民的理论，第一次创立了人民实现自身解放的思想体系。马克思主义坚持人民至上，以实现全人类的解放和自由全面发展为目标，紧紧依靠人民创造历史伟业。马克思主义是实践的理论，实践性是马克思主义区别于其他理论的显著特征，马克思主义不仅能够科学合理地解释世界，而且能够能动地改造世界，不断在超越现存的实践运动中指引人们实现着远大的理想。马克思主义是开放的理论，马克思主义不是教条而是行动的指南，能够不断与时俱进，随着实践的变化而不断发展的活的理论。我们坚持走自己的路，必须始终坚持马克思主义，以真理的精神追求真理，不断将马克思主义基本原理同中国具体实际相结合，继续推动马克思主义中国化时代化大众化，不断在实践中丰富和发展马克思主义，用发展的马克思主义指导不断发展的新的实践。

（二）始终根植中华文化

习近平总书记强调："文化是一个国家、一个民族的灵魂。文化兴国运兴，文化强民族强。没有高度的文化自信，没有文化的繁荣兴盛，就没有中华民族伟大复兴。"[①] 一个民族区别于别的民族，其最根本的标志是文化，而不是别的什么东西。文化是民族的精神基因，蕴含着民族最根本的精神标识和独特传统，具有以文化人、影响人、塑造人的作用。我们之所以是中华民族，主要是因为我们共同创造和享有了中华文化，共同凝聚在了中华文化之下，共同传承和弘扬着中华文化传统。任何一个国家和民族，如果失去了自己的文化，就是割断了自己的精神血脉，必然会消失于历史的云烟之中。我们走自己的路，决不能数典忘祖，必须

---

① 《习近平著作选读》第二卷，人民出版社2023年版，第33页。

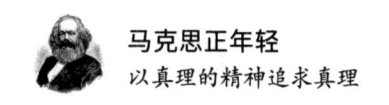

牢牢植根中华文化，传承好我们的文化基因，反对各种形式的虚无主义。

中华文化是有着强大生命力和创造力的文化。中华民族之所以久经考验而不亡、历经苦难而不衰，一个重要原因就在于我们有着中华文化的精神支撑。中华文化是包容性很强的文化，主张和而不同、兼收并蓄；中华文化是爱好和平的文化，反对暴力、反对侵略。走自己的路，推进中国式现代化，必须坚守我们的文化立场，保持文化主体性，不断推动中华优秀传统文化创造性转化、创新性发展，取其精华、去其糟粕，推陈出新、守正创新，坚持兼容并蓄、海纳百川的态度，不断在文化创新和实践创新中造就新的文化生命体。

（三）始终牢记"国之大者"

习近平总书记强调："新的征程上，我们必须坚持党的全面领导，不断完善党的领导，增强'四个意识'、坚定'四个自信'、做到'两个维护'，牢记'国之大者'，不断提高党科学执政、民主执政、依法执政水平，充分发挥党总揽全局、协调各方的领导核心作用！"[①]牢记"国之大者"的目的，就是让我们明确前进路上什么是我们应当坚守的价值，搞清楚什么是我们工作的重点。我们坚持走自己的路，必须始终牢记"国之大者"，分清重点与非重点，避免因小失大，更不能出现颠覆性错误。

坚持走自己的路，牢记"国之大者"，必须坚持党的领导不动摇。中国共产党是中国特色社会主义事业的领导核心，是中国的执政党，办好中国的事情，关键在中国共产党。中国共产党的领导是中国道路的本质特征和显著优势。坚持党的领导，中国道路才能不变质、不变色。

---

① 《习近平著作选读》第二卷，人民出版社2023年版，第482页。

坚持走自己的路，牢记"国之大者"，必须坚持以人民为中心。我国是人民民主专政的社会主义国家，人民是这个国家的主人。我们党为之奋斗的一切，说到底都是为人民谋幸福。维护人民利益，实现人民对美好生活的向往，正是"国之大者"的核心内容。中国道路的一条重要特征，就是坚持人民主体地位，紧紧依靠人民创造历史伟业。我们的中国道路，其实就是实现人民幸福的道路，我们坚持走自己的路，就必须坚持以人民为中心。

坚持走自己的路，牢记"国之大者"，必须坚持和发展中国特色社会主义。习近平总书记指出："改革开放以来，我们总结历史经验，不断艰辛探索，终于找到了实现中华民族伟大复兴的正确道路，取得了举世瞩目的成果。这条道路就是中国特色社会主义。"[①]因此，我们坚持走自己的路，就要坚定中国特色社会主义道路自信、理论自信、制度自信、文化自信，不断创造中国特色社会主义新辉煌。

三、坚持守正创新，绝不封闭僵化

习近平总书记强调："中华民族拥有在五千多年历史演进中形成的灿烂文明，中国共产党拥有百年奋斗实践和七十多年执政兴国经验，我们积极学习借鉴人类文明的一切有益成果，欢迎一切有益的建议和善意的批评，但我们绝不接受'教师爷'般颐指气使的说教！中国共产党和中国人民将在自己选择的道路上昂首阔步走下去，把中国发展进步的命运牢牢掌握在自己手中！"[②]坚持走自己的路，并不意味着封闭僵化和故步自封，走自己的路不能排斥其他道路，正所谓"万物并育而不相害，道

---

① 《习近平著作选读》第一卷，人民出版社2023年版，第62页。
② 《习近平著作选读》第二卷，人民出版社2023年版，第484页。

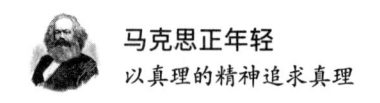

并行而不相悖"。我们应该积极学习借鉴人类文明的一切有益成果，同时欢迎一切有益的建议和善意的批评，坚持用发展着的马克思主义指导现实实践。

（一）积极学习借鉴人类文明的一切有益成果

习近平总书记指出："文明因交流而多彩，文明因互鉴而丰富。文明交流互鉴，是推动人类文明进步和世界和平发展的重要动力。"[①] 开放带来活力，封闭导致僵化。我们不论从事理论活动还是实践活动，都要积极学习借鉴人类文明的一切有益成果，做到海纳百川，为我所用，才能够不断超越，走向卓越。

人类文明本来就是多种多样、多姿多彩的，世界不应该只存在一种文明。不同的国家和民族因为地理环境不同、历史境遇不同等，在长期的文明演化过程中生成了不同的生活智慧，形成了不同的文化习俗和价值观念，生成了千差万别的文明成果。文明是平等的，文明之间没有高低贵贱之分，只有特色和地域之别。任何一种文明都有其合理性和价值性，世界正是因为文明多种多样才如此美丽。对待不同的文明，我们应该采取平等尊重、交流互鉴的态度，这样才能够在取长补短中不断创造美好未来。

坚持走自己的路，既不意味着消灭文明的差异性，也不意味着抗拒其他文明的成果。任何一种文明中总有其有益之处，总有其值得别人借鉴之处。任何一种文明，都不可能囊括人类的全部智慧、解决人类面临的所有问题，总会有其不足之处。我们应该秉持开放包容的态度，积极学习借鉴其他文明的有益成果，思考其他文明与自身文明的关系，寻找

[①] 《习近平著作选读》第一卷，人民出版社2023年版，第228页。

文明交汇的契合点，将这些有益成果吸收进自身文明中来，才能够有容乃大。

（二）欢迎一切有益的建议和善意的批评

中国有一句俗话，"人非圣贤，孰能无过"。对于一个人来说是如此，对于一个政党、国家和民族来说也是如此。我们在探索自身道路的过程中，难免会出现这样或那样的错误，难免会有这样或那样的不足。既然有错误和不足，就不能拒绝别人有益的建议和善意的批评。正所谓"兼听则明，偏听则暗"。一个容不得别人建议和批评的民族是没有希望的民族。我们只有虚心接受有益的建议和善意的批评，才能弥补我们自身的不足，不断推动自身事业发展进步。

与此同时，对于无益的建议和恶意的批评，我们持不欢迎的态度。提建议的目的是弥补不足，推动发展进步，而有益的建议才能起到这样的作用。无益的建议不仅不能促进发展进步，反而扰乱工作主线和中心，从而会造成资源浪费和精力分散。批评同样可以使人进步，我们要闻过则喜。但是恶意的批评往往来自主观的偏见，不仅与客观事实不相符合，而且出发点不是善意的，反而有可能使我们思想混乱。因此对于这样恶意的批评，我们应该澄清事实，以正视听，确保人心不被蛊惑、事业不被干扰。

（三）坚持用发展着的马克思主义指导现实实践

习近平总书记指出："一部马克思主义发展史就是马克思、恩格斯以及他们的后继者们不断根据时代、实践、认识发展而发展的历史，是不断吸收人类历史上一切优秀思想文化成果丰富自己的历史。因此，马克

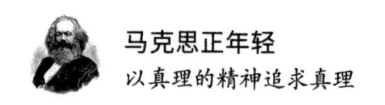

思主义能够永葆其美妙之青春，不断探索时代发展提出的新课题、回应人类社会面临的新挑战。"①马克思主义是开放性理论的典型代表，我们坚持走自己的路，就要不断把马克思主义与中国道路结合起来、与当今时代结合起来，在理论与实践的良性互动中丰富和完善马克思主义，坚持用发展着的马克思主义指导现实实践。

习近平新时代中国特色社会主义思想是当代中国马克思主义、21世纪马克思主义，是马克思主义中国化的最新理论成果。我们坚持走自己的路，就要用习近平新时代中国特色社会主义思想武装头脑、指导实践、推动工作，深入学习领会这一思想的时代意义、理论意义、实践意义、世界意义，深刻理解其核心要义、精神实质、丰富内涵、实践要求，不断提高运用这一思想理论解决实际问题的能力。

丰富和发展马克思主义是我们的职责和使命，正如习近平总书记所强调的："我们要坚持用马克思主义观察时代、解读时代、引领时代，用鲜活丰富的当代中国实践来推动马克思主义发展，用宽广视野吸收人类创造的一切优秀文明成果，坚持在改革中守正出新、不断超越自己，在开放中博采众长、不断完善自己，不断深化对共产党执政规律、社会主义建设规律、人类社会发展规律的认识，不断开辟当代中国马克思主义、二十一世纪马克思主义新境界！"②

这是一个需要理论而且一定能够产生理论的时代。我们相信，只要我们坚持走自己的路，实事求是，一切从实际出发，不断推动理论联系实际，我们就一定能够形成和创造富有自身特色、更丰富的思想理论，进而创造更多的实践成果、取得辉煌的历史成就。

---

① 习近平：《论中国共产党历史》，中央文献出版社2021年版，第199页。
② 习近平：《论中国共产党历史》，中央文献出版社2021年版，第211页。

第十七章　中国道路的合理性

习近平总书记在庆祝中国共产党成立100周年大会上的讲话中强调："马克思主义是我们立党立国的根本指导思想，是我们党的灵魂和旗帜。中国共产党坚持马克思主义基本原理，坚持实事求是，从中国实际出发，洞察时代大势，把握历史主动，进行艰辛探索，不断推进马克思主义中国化时代化，指导中国人民不断推进伟大社会革命。中国共产党为什么能，中国特色社会主义为什么好，归根到底是因为马克思主义行！"[①]中国共产党成立100多年来，新中国成立70多年来，尤其是改革开放40多年以来，我国发展取得了辉煌的成就。这些成就不仅令国人振奋，也让世界瞩目。坚持把马克思主义基本原理同中国具体实际相结合、同中华优秀传统文化相结合，用马克思主义观察时代、把握时代、引领时代，走适合自己国情的发展道路，是我们取得辉煌成就的一个根本原因。

一、坚持马克思主义的本真精神

所谓"道统"，即一种文化或者理论体系所坚守的灵魂。马克思主义的道统，就是贯穿其始终的立场观点方法。其中最核心的要素有两点：

---

① 《习近平著作选读》第二卷，人民出版社2023年版，第483页。

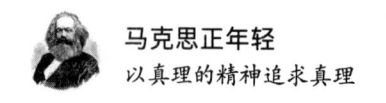

马克思正年轻
以真理的精神追求真理

一是实践的观点,同时也蕴含着唯物辩证法的逻辑,即实践辩证法;二是实现全人类的解放的价值追求。一方面,实践的观点是马克思主义首要的、基本的观点。马克思正是基于实践观点,打通了主体与客体、事实与价值、有限与无限的彼此对立,实现了哲学史上的伟大革命,创立了唯物史观,引领人们不断改造世界、实现人类解放。另一方面,马克思主义旨在实现全人类的解放,马克思主义第一次创立了人民实现自身解放的思想体系,深刻阐明了人民是历史的创造者的历史主体论,指明了人类自由全面发展的光明前景。

马克思主义是普遍的、一般性的思想原则,而社会主义则是具体的、生动的现实运动。马克思主义作为指导人类解放的科学理论体系,其创始人马克思、恩格斯在确立科学社会主义原则的基础上,为实现共产主义理想提供了科学的论证。在马克思主义经典作家看来,共产主义作为一种旨向人类解放的革命性实践,是一种不断超越现存的现实的历史运动,社会主义正是共产主义运动过程中的一个阶段。中国共产党自成立以来,就把马克思主义这一科学理论作为自己的指导思想,并始终不渝地遵循。中国道路的开辟和拓展,正是我们党在实践基础上对马克思主义继承和创新的结果,是我们坚守马克思主义道统的生动体现。中国道路坚持的是社会主义而不是其他什么主义,这是中国道路最鲜明的政治底色。

正因为坚持中国道路的"道统",我们才能在发展过程中万变不离其宗,在坚守马克思主义"道统"的基础上,紧紧依靠人民,立足于建设中国特色社会主义的实践基础,将马克思主义基本原理同中国具体实际相结合,不断与时俱进,提出新的思路、新的战略和新的举措。也正是因为坚持中国道路的"道统",我们才能在更深刻地理解马克思主义的科学性和价值性的基础上,更加坚信中国道路蕴含的真理力量和道义力量，才能紧紧把握中国道路的成功密码，使中国道路越走越宽广、越来越辉煌，使中国道路不仅是立足于现实而且是指向未来的，从而具有了历史意义。

二、汲取中华传统文化的伟大智慧

正如马克思所指出的："人们自己创造自己的历史，但是他们并不是随心所欲地创造，并不是在他们自己选定的条件下创造，而是在直接碰到的、既定的、从过去承继下来的条件下创造。"[1]中国道路的开辟充分汲取了中国传统文化的智慧，给世界提供了中国风格的思维方式。中国经验、中国道路、中国方案都是"器"，归根结底是源于中国智慧的"道"。每一个国家和民族的历史文化传统不同，面临的形势和任务不同，人民的需要和要求不同，他们谋求发展造福人民的具体路径当然可以不同，而且必须不同。

中国道路打破了西方发展路径"唯一正确"的神话。长期以来，西方国家发展模式展示了其强大的硬实力和软实力，妄自宣称其是唯一正确的发展路径，并强迫其他国家照搬照抄这一模式。基于西方理性主义原则开辟的工业化现代化道路，的确给人类文明带来了翻天覆地的变化，极大地改善了人们的生存状况，但是，其带来的全球性问题，如生态危机、人与人关系紧张、自我身心之间的对立等，也越来越突出。这些问题都源于其非此即彼、两极对立的形而上学思维方式。在这种思维方式主导下，一些西方国家崇尚零和博弈，认为国际政治就是你死我活的残酷斗争，壁垒高筑、以邻为壑，缺失合作共赢的理念和愿望。

---

[1] 《马克思恩格斯选集》第一卷，人民出版社2012年版，第669页。

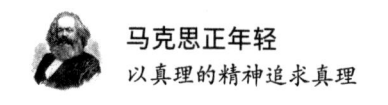

中国传统文化恰恰是对非此即彼思维方式的超越,主张天人合一、求同存异、和谐共生。这些文化理念在中国道路中也得到了充分的体现。中国道路主张合作共赢,共同发展才是真的发展。中国在发展过程中始终坚持互惠互利的原则,欢迎其他国家搭乘中国发展的"便车"。一花独放不是春,世界正是因多彩而美丽。中国在国际舞台上坚持文明平等交流互鉴,反对"文明冲突",提倡和而不同、兼收并蓄的理念,致力于世界不同文明之间的沟通对话。中国道路反对国强必霸,中国道路不是称霸世界的道路,中国人民的文化中也没有霸权主义的基因,中国从来不干涉他国内政,坚决主张主权国家独立自主。

三、关注整个人类未来的共同命运

马克思主义创造性地揭示了人类社会发展规律,在唯物史观和剩余价值学说"两大发现"的基础上,得出了"两个必然"和"两个决不会"的科学论断。历史规律具有不以人的意志为转移的客观性,只有遵循历史规律,才能顺利实现社会发展。中国正是遵循共产党执政规律、社会主义建设规律、人类社会发展规律进行的有益探索。

中国共产党是为中国人民谋幸福的党,也是为人类进步事业而奋斗的党,我们所做的一切就是为中国人民谋幸福、为中华民族谋复兴、为世界谋大同。为世界谋大同是为中国人民谋幸福和为中华民族谋复兴的逻辑必然,既体现了中国共产党关注世界发展和人类事业进步的天下情怀,也体现了中国共产党致力于实现全人类解放的崇高的共产主义远大理想,以及致力于推动构建人类命运共同体的使命担当和博大胸襟。

和平、发展、共享、开放,这些既是中国道路坚持的发展理念,也是中国道路为人类发展贡献的中国智慧。世界人民唯有坚持合作共赢、守望相助，积极构建人类命运共同体，才能更好把握自身命运，共同创造人类美好的未来。当前，全球化趋势不断加深，人类越来越成为一个利益攸关的命运共同体。习近平总书记指出："没有哪个国家能够独自应对人类面临的各种挑战，也没有哪个国家能够退回到自我封闭的孤岛。"① 当今中国正在致力于推动构建人类命运共同体，中国道路的成功也彰显了人类命运共同体的必要性。中国道路取得的成就不仅得益于自身的努力，也得益于良好的外部环境。中国既是人类命运共同体的推动者，也是人类命运共同体的受益者。

和平与发展仍然是当今世界的主题，中国道路是和平发展的道路，昭示着和平发展是人类的共同期盼。中国道路高举和平、发展、合作、共赢的旗帜，呼吁建设持久和平、普遍安全、共同繁荣、开放包容、清洁美丽的世界。中国道路之所以能够得到世界范围的广泛关注，很大程度上在于中国道路所构建的美好愿景与世界人民的未来期盼相一致。中国的发展不是掠夺式、侵略式的积累，从来不以牺牲他国的利益为代价。中国始终坚持正确义利观，积极扩大同各国的利益交汇点，因此成为世界合作发展的积极推动者和重要贡献者。

中国秉持共商共建共享的全球治理观，推动了全球治理体系的改革和建设。随着世界各国之间经贸和人文往来程度的加深，已经没有哪个国家可以完全独善其身，一个国家存在的发展问题越来越演变为世界性的问题，解决问题单靠一个国家的力量已经远远不够，更加需要全球性的通力合作。中国在实现自身发展的同时还积极承担国际责任，为解决世界性议题贡献自己的力量。开放才能互联互通，人类命运是在开放中紧密相连的，中国道路是开放发展的道路，中国不断扩大对外开放，积极

---

① 《习近平著作选读》第二卷，人民出版社2023年版，第48页。

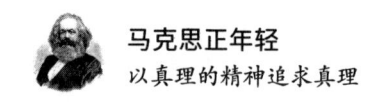

投入到国际事务中去,着力推动建设开放型的世界经济。

中国特色社会主义是从我国所处的社会主义初级阶段的基本国情和具体实际出发,走自己的路独立自主探索中而形成的。坚定中国特色社会主义道路自信是坚持共产主义远大理想的现实体现。中国道路具有鲜明的未来指向,指引我们不断超越现存,立足于现实而面向未来。中国道路的意义早已超出了当代中国具有地域性的特殊性,而且具备了当今世界具有普遍性的规律性,从而为别的国家和民族选择适合自己的发展道路提供了重要启示,从而具有了世界意义。

中国道路是中国人民历经千辛万苦在实践中探索出来的,因而是适合自身的道路。广大发展中国家也要在实践中积极进行探索,在坚持科学理论指导的前提下,既不封闭僵化也不盲从迷信,既要充分考虑自身现实经济基础、发展目标愿景、历史文化传统,也要注重听取人民意愿、尊重人民选择,才能实现独立自主、发展进步和人民幸福。

第十八章 中国经验的主体性

西方国家通过政治革命、工业革命崛起后，西方"普世主义"随之产生，认为西方文明是世界上最好的文明，西方社会是世界各国万流归宗的"范式"。西方"普世主义"起源可以追溯到殖民主义早期，数百年来虽然经历过若干变种，但万变不离其宗，其充当强权的意识形态的功能的本质从未改变。西方社会以"祖师爷"自居，一直把他们所谓的现代化道路作为唯一可行的发展"范式"，在全世界范围内进行推广，认为发展中国家的现代化如果偏离西方模式必然失败。然而，改革开放以来，经过40多年的不懈努力，中国经受住了各种严峻考验，彰显了中国道路的独特优势，从而用事实宣告了西方"普世主义"的终结。中国道路对于其他国家的发展实践而言，具有非常深刻的世界历史意义，尤其是它打破了西方"普世主义"的神话。

一、"现代化"不等于"西方化"

中国道路的成功充分说明，并不存在唯一正确的现代化模式，各个国家必须根据自己的国情选择适合自己的道路。毫无疑问，现代化这一世界历史进程是由西方开启的。西方发达国家经历了从不发达到发达的历史过程，分别走过了不同的发展道路，创造了非常有价值的值得发展中

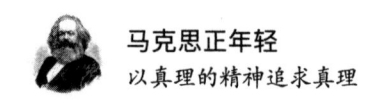

马克思正年轻
以真理的精神追求真理

国家借鉴的成功经验。但是，它们把自身各不相同的发展道路进行总结、提炼，形成了作为现代化的所谓"唯一正确"的"终极模式"进行推销。然而，历史条件的多样性、现实情况的复杂性决定了各国选择发展道路的多样性。世界上并没有放之四海而皆准的发展道路或发展模式，任何道路或模式都只有在特定的历史和现实条件下才能获得成功。

人类历史上，没有一个民族、没有一个国家可以通过依赖外部力量、跟在他人后面亦步亦趋、邯郸学步实现强大和振兴。基于这一认识，我们反对照抄照搬其他任何发展模式，不断根据中国的实际探索适合自己的道路。党的十一届三中全会以后，邓小平明确指出，建设有中国特色社会主义的道路，必须是一条从中国国情出发，符合中国实际的道路。他说："我们的现代化建设，必须从中国的实际出发。无论是革命还是建设，都要注意学习和借鉴外国经验。但是，照抄照搬别国经验、别国模式，从来不能得到成功。"①"改革开放必须从各国自己的条件出发。每个国家的基础不同，历史不同，所处的环境不同，左邻右舍不同，还有其他许多不同。别人的经验可以参考，但是不能照搬。过去我们中国照搬别人的，吃了很大苦头。中国只能搞中国的社会主义。"②

2013年3月，习近平主席在坦桑尼亚尼雷尔国际会议中心发表的演讲中指出："世界上没有放之四海而皆准的发展模式，各方应该尊重世界文明多样性和发展模式多样化。"③这就告诉我们，不同国家由于具体国情不同，其发展道路也不会相同。西方发展模式的确是西方国家推进现代化的经验总结，但它只是当代世界多样化发展模式中的一种，不能作为"普世模式"输出到世界各地。

---

① 《邓小平文选》第三卷，人民出版社1993年版，第2页。
② 《邓小平文选》第三卷，人民出版社1993年版，第265页。
③ 《习近平外交演讲集》第一卷，中央文献出版社2022年版，第14页。

二、西方式民主不是唯一的民主政治

中国道路的成功充分说明，并不存在唯一形式的政治民主，各个国家必须根据自己的国情建立合适的政治制度。西方民主始于古希腊，建立在对奴隶的奴役以及基督教文化传统的基础之上，的确对人类文明有其独特价值，但把西方的民主当作人类的"普世价值"强加给各国人民并封其为最高价值是错误的。中国道路对于其他国家的发展实践而言，具有非常深层的世界历史意义，它打破了西方道路是"唯一正确""普世适用"的"神话"，也破除了人们对西方民主的迷信。历史证明，并不存在唯一形式的政治民主，各个国家必须根据自己的国情建立合适的民主政治制度。既不能在民主政治建设方面封闭僵化，也不能改旗易帜，而要根据自己的文化传统、历史条件和现实情况不断与时俱进，不断完善和发展适合自己的民主制度。

从世界范围来看，那些按照西方模式建立起来的"民主"政体，并没有给相关国家带来稳定和繁荣，相反却使这些国家陷入了长期的动荡和不安，甚至跌入了内战的深渊。事实证明，任何一个国家在政治制度上照抄照搬、东施效颦和封闭僵化、故步自封，是不能取得发展和进步的。例如，苏联的民主集中制流于形式，导致官僚腐败严重，在戈尔巴乔夫时期又放松党的领导，结果导致苏共亡党、苏联解体。实际上，民主制度没有一成不变的恒定模式，其自诞生的那一天起，就在世界上不同社会制度、不同经济发展水平、不同历史文化背景下的不同地域中存在不同的形态。西方式民主也许是适合西方社会的较好选择，但未必适合世界上所有国家和地区。民主模式应该反映每个国家各自的政治、经济、社会和文化特点，具有本国特色，而不能照搬照抄，实行"拿来主义"。2014年4月1日，习近平主席在比利时布鲁日欧洲学院发表演讲时指出：

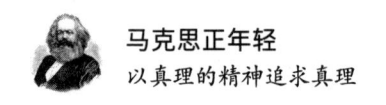

马克思正年轻
以真理的精神追求真理

"世界是多向度发展的，世界历史更不是单线式前进的。中国不能全盘照搬别国的政治制度和发展模式，否则的话不仅会水土不服，而且会带来灾难性后果。"①

只有能促进生产力发展和人民幸福的民主才是好民主，而中国的民主政治正是极大促进生产力发展和人民幸福的有效制度。从本质上来讲，民主制度是上层建筑，它是由生产力和经济基础决定的，要服务于生产力的发展、适合经济基础的需要。中国用了几十年的时间走完了西方发达国家几百年走过的工业化历程，创造了伟大的中国奇迹。中国改革开放40多年来所取得的经济成就，世人有目共睹，无人否认，也无人能够否认，但是，有人对于中国的政治建设成就存在一定的偏见和质疑。有一种典型的观点是"中国的民主政治建设严重滞后于经济建设"，这种观点根本经不起推敲。我们并不否认中国的民主政治建设还有不完善的地方，还有许多值得改进的方面，但是，并不能据此无视中国特色社会主义政治民主的特有优势和巨大作用，否则就不能完整揭示中国奇迹的内在根据。

毫无疑问，中国道路的成功肯定离不开政治发展，任何否定和质疑中国民主政治建设成就的观点严重背离现实情况，在逻辑上也讲不通。邓小平指出："只搞经济体制改革，不搞政治体制改革，经济体制改革也搞不通。"②经济与政治是辩证统一的关系，如果没有政治发展相适应，经济发展也不可能。从本质上来讲，政治体制改革是通过上层建筑调整，来适应经济基础和生产力发展的需要，更好地服务和促进社会生产力的发展，从而推动整个社会不断进步。中国特色社会主义政治民主在坚持中国共产党的领导、保证和发展人民当家作主、全面推进依法治国、坚持

---

① 《习近平外交演讲集》第一卷，中央文献出版社2022年版，第128页。
② 《邓小平文选》第三卷，人民出版社1993年版，第164页。

民主集中制的原则下不断发展，也促进着中国经济社会的高速发展。外界赞叹的中国速度、中国奇迹，既是中国特色社会主义政治发展道路的实践成果，也是当代中国政治体制强大生命力和优越性的生动证明。正如习近平总书记所指出的："全党同志必须牢记，我们要建设的是中国特色社会主义，而不是其他什么主义。历史没有终结，也不可能被终结。中国特色社会主义是不是好，要看事实，要看中国人民的判断，而不是看那些戴着有色眼镜的人的主观臆断。中国共产党人和中国人民完全有信心为人类对更好社会制度的探索提供中国方案。"①

中国道路的成功充分证明了，一个国家实行什么样的制度、走什么样的发展道路，归根结底取决于这个国家的具体国情和历史文化条件。中国特色社会主义制度，就是内生于中国国情基础上的制度，它扎根于本土，最可靠也最管用。

三、西方"普世价值"不具有普适性

中国道路的成功充分说明，并不存在唯一合理的"普世价值"，各个国家必须根据自己的国情建设精神家园。西方国家从抽象的人性论出发，把他们的价值理念等同于"普世价值"，宣称"普世价值"及其背后的资本主义制度是所有国家和地区摆脱贫困落后、实现文明进步的唯一选择。他们在全世界宣传和推行"普世价值"，以指导发展为名，大肆输出新自由主义，使拉美国家陷入"中等收入陷阱"；以帮助转型为名，实施"休克疗法"……"普世价值"不仅没有给这些国家及其人民带来福音，反而引发社会持续动荡。

---

① 习近平：《论中国共产党历史》，中央文献出版社2021年版，第126页。

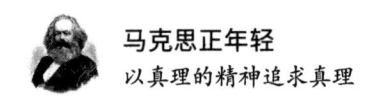

马克思正年轻
以真理的精神追求真理

我们不能否认，人类存在共同的价值。正如习近平总书记所指出的："'大道之行也，天下为公。'和平、发展、公平、正义、民主、自由，是全人类的共同价值，也是联合国的崇高目标。"① 这六个方面都是全人类的共同价值，是符合全人类最大多数人利益的共同价值。我们应该以这样的共同价值作为宗旨，共同建设人类命运共同体，而不是以某些国家基于自己的立场和利益所提出的所谓"普世价值"作为根本标准，塑造一个实现他们自己利益最大化的世界经济政治体系。如果说人类的共同价值是"一般"，西方的价值观所追求的价值是"特殊"，那么，美国的价值观所谓的"普世价值"只是"个别"。

"个别"不等于"一般"，"个别"显然只是在个别条件下才是有价值的，离开了其具体条件就失去了其真理性。"一般"指一类事物或一切事物普遍具有的属性，即具体事物的共性。"个别"指单一事物的个体性、独特性，此事物和其他事物的差异性。世界上每一事物、现象都作为"个别"的东西而存在，它们的存在和发展呈现出不同的形态，表现为个体性、独特性。世界上的同类事物或一切事物中又贯穿着"一般"的东西，即共同的、普遍的属性。这种共同性、普遍性使各个特殊的事物相互联结、相互贯通，形成统一的有机整体，并具有共同的规律性。列宁说："个别一定与一般相联而存在。""任何个别都不能完全地包括在一般之中，如此等等。任何个别经过千万次的过渡而与另一类的个别（事物、现象、过程）相联系，如此等等。"② 根据"一般"与"个别"的辩证原理，人们应首先通过"个别"去认识"一般"，从大量个别事物的特殊本质中总结概括出事物的一般本质，即从"个别"上升为"一般"；再以"一般"为指导去认识没有研究或尚未充分研究的"个别"事物，即从

---

① 《习近平谈治国理政》第二卷，外文出版社 2017 年版，第 522 页。
② 《列宁选集》第二卷，人民出版社 2012 年版，第 558 页。

"一般"又到"个别",而不是直接把"个别"当作"一般"。"一般"是具有共性的普遍适用的价值,可以作为任何"个别"的共同原则。怎么能够把仅仅是"个别"的"普世价值",当作放之四海而皆准的"一般"的"共同价值"来推广和奉行呢?

纵观人类发展历史,没有一个国家是通过全盘吸收另一个国家的文化实现现代化的。中国作为全球最大的发展中大国,有源远流长的文化,面临与西方全然不同的问题,要实现中华民族伟大复兴,不可能走西方资本主义道路,更不可能简单地用西方话语体系解释自己。如果我们将"普世价值"看作人类"圣经",认为中国改革开放的目标就是变成一个类似西方的国家,不顾国情全盘照抄西方模式,不仅会将中国带进思想认识的"死胡同",而且会给国家和民族带来历史的悲剧,最终结果是使中国沦为西方资产阶级的"附庸国"。

只有坚持从中国的基本国情出发,才能开创中国特色社会主义的美好明天。正是基于这样的认识,在长期的革命、建设、改革实践中,我们坚守中华文化立场,传承中华文化基因,推动中华文化创造性转化、创新性发展,形成了当代中国文化,为开创和发展中国道路提供了丰厚营养。坚持和拓展中国道路,要进一步增强价值观自信,决不能盲目地成为西方价值观念的附和者,决不能丧失自己的精神独立性。世界潮流,浩浩荡荡。我们既不妄自菲薄,也不妄自尊大,而是坚持以马克思主义为指导,扎根于中华民族优秀文化土壤,吸收借鉴人类文明的积极成果,与时俱进地培育和建设社会主义的"中国价值",实现对资产阶级"普世价值"的自觉超越,为实现中华民族伟大复兴的中国梦提供强大的精神力量和价值引领。

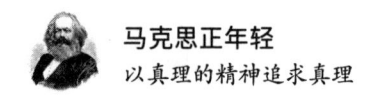

> 马克思正年轻
> 以真理的精神追求真理

四、不存在"国强必霸"的唯一逻辑

建立殖民体系、争夺势力范围、对外武力扩张，是近代历史上一些大国崛起的老路。特别是在20世纪，追逐霸权、实力对抗、兵戎相见，使人类惨遭两次世界大战的浩劫。世界上一些人总是喜欢以历史上"国强必霸"的西方逻辑捕风捉影，认为随着国民经济和总体国力的快速增长，中国的发展将直接或间接地导致帝国主义和霸权主义。然而，中国的和平发展道路打破了"国强必霸"的大国崛起传统逻辑，开创了大国崛起一种新的路径和新的境界。

中国选择和平、发展、合作、共赢作为实现国家现代化、参与国际事务和处理国际关系的基本途径。这条道路的成功既需要中国人民坚持不懈努力，也需要外部世界理解和支持。"和平、发展、合作、共赢"体现了党中央对天下大势的科学判断，提出了处理中国与世界关系的重大原则，不仅反映了我们党对时代潮流的深刻认知，而且阐明了我们坚持走和平发展道路是合乎时代潮流的明智之举，是尊重历史规律的正确选择。

几十年来，中国以命运共同体的新视角，以同舟共济、合作共赢的新理念，寻求多元文明交流互鉴的新局面，寻求人类共同利益和共同价值的新内涵，寻求各国合作应对多样化挑战和实现包容性发展的新道路。中国始终坚持独立自主的和平外交政策，反对霸权主义和强权政治，不干涉别国内政，永远不称霸，永远不搞扩张，走和平发展道路，为中国的快速发展创造了有利的国际环境。和平发展道路对中国有利、对世界有利。和平发展道路是中国这个世界上最大的发展中国家探索出的一条新型发展道路，随着时间的推移，这条道路已经并将进一步显示出其世界意义。

总之，中国道路所取得的伟大成就充分说明，世界上根本不存在所谓

"普世主义"的发展模式，也没有一成不变的发展道路。不顾国情照抄照搬别人的制度模式和发展道路，从来都不会成功，不仅不能真正解决实际问题，还会造成经济停滞、政权更迭、社会动荡、主权丧失等严重后果。任何一个国家的道路，都应由这个国家的历史传承、文化传统、经济社会发展水平来决定，由这个国家的人民来决定。中国特色社会主义的成功实践，为人类社会开辟了一种新的发展前景，也向其他国家和民族提供了一种新的制度模式和道路选择，同时也宣告了西方"普世主义"神话的破灭。

第十九章　唯物史观的主动性

《中共中央关于党的百年奋斗重大成就和历史经验的决议》指出："全党要坚持唯物史观和正确党史观,从党的百年奋斗中看清楚过去我们为什么能够成功、弄明白未来我们怎样才能继续成功,从而更加坚定、更加自觉地践行初心使命,在新时代更好坚持和发展中国特色社会主义。"100多年来,中国共产党坚持唯物史观深刻洞察社会历史规律,坚持历史思维和大历史观观察时代大势、把握时代主题、直面时代问题,根据新的历史方位和历史特点,增强历史自觉,勇于历史担当,在革命、建设和改革的伟大历史实践中克服了一个又一个困难,创造了一个又一个奇迹,带领人民不断创造历史伟业,书写了伟大的历史篇章,用生动实践和铁的事实充分彰显了唯物史观的真理力量。

一、坚持唯物史观不断推陈出新

历史是文明的记忆,在历史中记载的是一个民族的文化生活,并昭示着这个民族未来的命运。历史作为一个民族曾经的存在,其精神生活沉淀为文化基因,是这个民族安身立命的基础和继续存在的前提,作为传统一直活在现实的生活中。历史就是历史,历史不能任意选择。历史是从昨天走到今天再走向明天的连续性的文明进程,历史的联系是不可能割断的，人们总是在继承前人的基础上不断向前发展的，总是从历史的苦难和经验中不断汲取智慧，从而在多种可能性中进行选择和身体力行，充满期待地走向所期望的未来。

坚持历史唯物主义对待文化传统，坚决反对历史虚无主义。忘记历史等于背叛，抹杀了历史就等于销毁了文化基因，从而摧毁了文明的根基，因为不知道"从哪里来"，所以也就不清楚"我是谁"，就必然在面对未来的时候陷入迷茫和迷失自我，而不知道将走向何方。中华民族具有5000多年的文明史，在几千年的历史发展中创造了悠久灿烂的中华文明，为人类作出了卓越贡献，成为世界上伟大的民族。但是，中国近代由于没有跟上科技革命和工业化的历史进程，古老的文明古国摇摇欲坠，在西方的坚船利炮面前不堪一击。在残酷的现实面前，一些人的文化自信一度被击得粉碎，主张全盘西化，言必称希腊，西方中心主义大行其道，文化虚无主义和历史虚无主义一度很有市场。龚自珍在《古史钩沉二》中指出："灭人之国，必先去其史；隳人之枋，败人之纲纪，必先去其史；绝人之才，湮塞人之教，必先去其史；夷人之祖宗，必先去其史。"苏联为什么解体？苏共为什么垮台？一个重要原因就是全面否定苏联历史、苏共历史，大搞历史虚无主义。正如习近平总书记所指出的："历史和现实都表明，一个抛弃了或者背叛了自己历史文化的民族，不仅不可能发展起来，而且很可能上演一场历史悲剧。"①

中国共产党人是历史唯物主义者，从早期的马克思主义者到一代又一代的中国共产党人，始终坚持以历史唯物主义的态度对待历史。毛泽东1938年在《中国共产党在民族战争中的地位》一文中指出："我们这个民族有数千年的历史，有它的特点，有它的许多珍贵品。对于这些，我们

---

① 习近平：《在哲学社会科学工作座谈会上的讲话》，人民出版社2016年版，第17页。

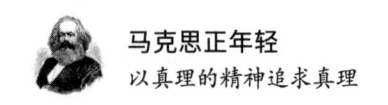

马克思正年轻
以真理的精神追求真理

还是小学生。今天的中国是历史的中国的一个发展；我们是马克思主义的历史主义者，我们不应当割断历史。从孔夫子到孙中山，我们应当给以总结，承继这一份珍贵的遗产。"① 在百年的历史进程中，我们党始终坚持把马克思主义基本原理同中国具体实际相结合、同中华优秀传统文化相结合，主张古为今用、洋为中用，辩证取舍、推陈出新，使中国化马克思主义呈现出中国特点、中国气派、中国风格。

中国共产党人坚持以历史唯物主义的态度评价历史阶段，从不割断历史或者造成各个历史阶段相互对立。例如，在如何看待新中国成立以来的历史，尤其是如何认识和把握好改革开放前和改革开放后的两个历史时期的历史时，习近平总书记指出："对改革开放前的历史时期要正确评价，不能用改革开放后的历史时期否定改革开放前的历史时期，也不能用改革开放前的历史时期否定改革开放后的历史时期。改革开放前的社会主义实践探索为改革开放后的社会主义实践探索积累了条件，改革开放后的社会主义实践探索是对前一个时期的坚持、改革、发展。"②

中国共产党人作为中华优秀传统文化的继承者和发扬者，也是伟大历史的创造者和中华文明的续写者，坚持以历史唯物主义的态度对待历史，在尊重历史的基础上不断续写历史的新篇章，创造出惊天动地、改天换地的伟大奇迹，在守正创新中让中华优秀传统文化焕发出新的生机，让具有悠久历史的中华文明生生不息。

二、基于真理基石坚定理想信念

马克思、恩格斯基于唯物史观揭示的社会历史规律，对人类社会发

---

① 《毛泽东选集》第二卷，人民出版社1991年版，第533—534页。
② 《习近平著作选读》第一卷，人民出版社2023年版，第78—79页。

展未来进行了科学预见，他们在《共产党宣言》中指出："资产阶级的灭亡和无产阶级的胜利是同样不可避免的。"① 这是就人类历史总的发展趋势而言的"两个必然"。同时，马克思在《〈政治经济学批判〉序言》中指出："无论哪一个社会形态，在它所能容纳的全部生产力发挥出来以前，是决不会灭亡的；而新的更高的生产关系，在它的物质存在条件在旧社会的胎胞里成熟以前，是决不会出现的。"② 这是根据历史客观规律得出的"两个决不会"的科学结论。基于"两个必然"和"两个决不会"的历史唯物主义基本观点，我们就可以深刻理解为什么资本主义至今没有完全消亡，能够深刻理解为什么共产主义必然实现但是需要经过漫长的历史过程，也就能进一步在掌握唯物史观真理的基础上自觉坚定理想信念。

正如习近平总书记所指出的："马克思科学揭示了人类社会最终走向共产主义的必然趋势。马克思、恩格斯坚信，未来社会'将是这样一个联合体，在那里，每个人的自由发展是一切人的自由发展的条件'，'无产者在这个革命中失去的只是锁链。他们获得的将是整个世界。'马克思坚信历史潮流奔腾向前，只要人民成为自己的主人、社会的主人、人类社会发展的主人，共产主义理想就一定能够在不断改变现存状况的现实运动中一步一步实现。"③

基于唯物史观深刻认识到实现共产主义的长期过程性，进一步坚定中国特色社会主义自信。社会主义作为马克思主义的实践形态，必须立足于一定的历史前提，即根据每一个民族、每一个国家所处的历史传统、发展阶段，选择适合自己的道路和方案，进行造福人民、实现人类解放的历史实践。

---

① 马克思、恩格斯：《共产党宣言》，人民出版社2018年版，第40页。
② 《马克思恩格斯文集》第二卷，人民出版社2009年版，第592页。
③ 《习近平著作选读》第二卷，人民出版社2023年版，第161—162页。

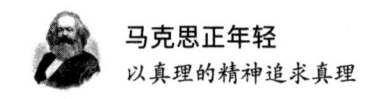

不同民族、国家在具体的社会形态演进过程中，既表现出一定的共性即普遍性规律，同时在共性的基础上呈现出一定的差异性，即每个民族在遵循一般规律的同时，又会有各自民族的特殊性。人类社会历史发展的道路，是统一性和多样性的辩证统一。世界上并不存在一种放之四海而皆准的具体社会历史发展道路，在坚持"两个必然"和"两个决不会"辩证统一历史观的基础上，每个国家、每个民族都可以根据自己的文化传统、历史条件和现实状况，在符合历史发展一般规律的可能性空间里，寻找适合自己的发展道路和模式，而不必照抄照搬别的国家既有的发展道路。中国特色社会主义道路之所以取得成功，就是因为中国人民具有对实现自身发展道路选择的文化自信和历史自觉。

三、立足历史方位确定方针方略

唯物辩证法认为，任何复杂事物中都存在着诸多矛盾，这些矛盾在事物发展中的地位和作用是不同的，事物在一定发展阶段中的性质，是由主要矛盾的主要方面所决定的。在社会历史发展进程中，社会主要矛盾决定着社会所处的历史阶段，也决定着这一历史阶段的社会主义任务。中国共产党人始终坚持唯物史观把握历史规律，研究我们所处的历史方位和时代特点，以高度的历史自觉确立历史任务、制定方针方略、担当历史使命。

我们党牢牢把握社会主要矛盾，独立自主走自己的路，实现了民族独立和人民解放。在新民主主义革命时期，我国社会主要矛盾是人民大众与帝国主义、封建主义、官僚资本主义之间的矛盾。这一社会主要矛盾，在新民主主义革命时期的不同历史阶段上，又有着不同的表现形态。在国民大革命时期，这一社会主要矛盾表现为人民大众与军阀之间的矛盾，中国共产党力主促成国共合作，联合对抗军阀，深入开展工农运动，推动并实现了北伐战争的胜利。在土地革命战争时期，这一社会主要矛盾表现为人民大众与国民党反动派之间的矛盾，我们党领导人民进行土地革命、武装斗争和根据地建设，开创了井冈山革命根据地，建立了中华苏维埃共和国。随着"九一八"事变的爆发，新民主主义革命进入抗日战争时期，中日两国之间的民族矛盾取代之前的阶级矛盾成为社会的主要矛盾，我们党领导建立了广泛的抗日民族统一战线，与国民党再度合作，团结抗日，紧紧依靠人民群众，取得了抗日战争的伟大胜利。抗日战争结束后，人民大众与国民党反动派之间的阶级矛盾再次上升为社会主要矛盾，我们党又领导人民和军队进行了三年多艰苦的解放战争，建立了新中国，取得了新民主主义革命的胜利，实现了中国从几千年封建专制政治向人民民主的伟大飞跃。

我们党牢牢把握社会主要矛盾，独立自主走自己的路，使中国大踏步走上了建设社会主义的道路。在社会主义三大改造基本完成后，我们党团结带领人民完成社会主义革命，确立社会主义基本制度，完成了中华民族有史以来最为广泛而深刻的社会变革，为当代中国一切发展进步奠定了根本政治前提和制度基础。党的八大根据所处社会历史阶段实事求是地指出，我国社会主要矛盾是人民对于建立先进的工业国的要求同落后的农业国的现实之间的矛盾和人民对于经济文化迅速发展的需要同当前经济文化不能满足人民需要的状况之间的矛盾，提出了全面开展社会主义建设的任务，逐步建立了比较完备的工业体系和较为坚实的工业基础，为日后的现代化建设奠定了坚实基础。后来，从1958年到1978年，我国经历了20年的停滞徘徊，最根本的原因是没有立足于中国国情的实际，违背了唯物史观。党的十一届六中全会通过的《关于建国以来党的若干历史问题的决议》指出："在社会主义改造基本完成以后，我国所要

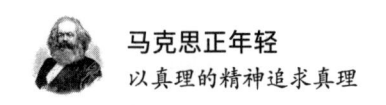

解决的主要矛盾,是人民日益增长的物质文化需要同落后的社会生产之间的矛盾。"①党中央提出了我们党在社会主义初级阶段的基本路线,作出把党和国家的工作重心转移到以经济建设为中心的社会主义现代化建设上来,实施改革开放的伟大决策,实现了历史性的伟大转折,开辟了中国特色社会主义道路。

我们党牢牢把握社会主要矛盾变化,立足新的历史方位致力于实现中华民族伟大复兴的光明前景。党的十八大以来,我们党团结带领全国各族人民共同奋斗,取得了一系列全方位、开创性的成就,给我国社会带来了深层次、根本性的变革,引领中国特色社会主义进入了新时代,我国社会主要矛盾已经转化为人民日益增长的美好生活需要和不平衡不充分的发展之间的矛盾。社会主要矛盾的变化决定了我们必须坚定不移贯彻创新、协调、绿色、开放、共享的新发展理念,坚持科学发展,激发全社会创造力和发展活力,努力实现更高质量、更有效率、更加公平、更可持续、更为安全的发展,让改革发展成果更多更公平惠及全体人民,保证全体人民在共建共享发展中有更多获得感,不断促进人的全面发展、全体人民共同富裕。

在不同的历史时期,由于时代主题变换和历史任务转换,社会主要矛盾也随着时代的变化而变化,甚至在同一时期的不同历史阶段也有不同的社会主要矛盾。在不同的历史时期,我们党正是不断对社会主要矛盾与时俱进做出新的判断,并根据所处的历史阶段和社会主要矛盾适时调整方针方略,团结带领人民妥善解决这些社会主要矛盾,才使近代以来久经磨难的中华民族迎来了从站起来、富起来到强起来的伟大飞跃,迎来了实现中华民族伟大复兴的光明前景。

---

① 《三中全会以来重要文献选编》(下),中央文献出版社2011年版,第168页。

四、紧紧依靠人民创造历史伟业

《中共中央关于党的百年奋斗重大成就和历史经验的决议》指出:"我们始终坚持全心全意为人民服务的根本宗旨,坚持党的群众路线,始终牢记江山就是人民、人民就是江山,坚持一切为了人民、一切依靠人民,坚持为人民执政、靠人民执政,坚持发展为了人民、发展依靠人民、发展成果由人民共享。"[①] 这是对历史唯物主义关于人民群众是历史的创造者原理的生动表达。唯物史观认为,社会发展具有客观规律性,人类社会发展的客观规律是通过人的有意识有目的的实践活动来实现的。人民群众是社会实践的主体,是社会物质财富和精神财富的创造者,是推动历史发展的真正英雄。这就决定了中国共产党始终代表中国最广大人民根本利益,没有任何自己特殊的利益,从来不代表任何利益集团、任何权势团体、任何特权阶层的利益,这是党立于不败之地的根本所在。

我们党坚持唯物史观,认为人民群众是历史的创造者,始终尊重人民群众的历史实践主体地位。唯物史观不同于唯心史观的最大的特点,就是揭示了"社会生活在本质上是实践的"这一深刻道理,指出唯物史观和唯心史观在实践观这一根本问题上的本质区别。马克思把实践确认为社会生活的本质,认为生产实践是人类社会的最基本的活动,不仅是人类社会存在的基础,而且是制约社会的性质和面貌的决定性因素,是推动社会历史发展的根本动力,而物质生产实践主体是广大的人民群众。历史由人民群众自由自觉的活动所组成,这些活动的价值不仅由人民群众创造,更由人民群众进行评价,人民群众是社会的主人。正如毛泽东所指出的:"世间一切事物中,人是第一个可宝贵的。在共产党领导下,

---

① 《中共中央关于党的百年奋斗重大成就和历史经验的决议》,人民出版社2021年版,第66页。

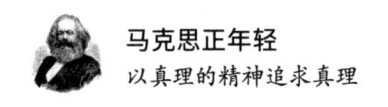

只要有了人，什么人间奇迹也可以造出来。"①

我们党坚持唯物史观，深刻认识到了人民群众的伟大力量，始终坚持群众观点和群众路线。群众路线是党的生命线和根本工作路线，是我们取得革命胜利、社会主义建设和改革开放巨大成就的法宝。以毛泽东同志为主要代表的中国共产党人，根据马克思主义唯物史观，在中国革命和建设的实践中形成和确立了党的群众路线，培育了党群之间鱼水相依的亲密关系。中国共产党在领导中国革命的进程中，始终坚持"人民，只有人民，才是创造世界历史的动力"②"革命战争是群众的战争，只有动员群众才能进行战争，只有依靠群众才能进行战争"③。我们党正是一切依靠人民，取得了北伐战争、抗日战争、解放战争和新民主主义革命的胜利，取得了社会主义革命和建设的成功。改革开放以来，面对出现的新情况新问题，我们党反复强调：党的根基在人民，血脉在人民，力量在人民。正确的认识只能来源于群众的实践，正确的决策只有变成群众的自觉行动才能实现。40多年的改革开放之所以能取得巨大成功，根本原因之一就是它得到了社会各阶层广大人民群众的普遍拥护和广泛参与。实践反复证明，改革是群众的事业，必须始终坚持群众路线，凝聚改革发展动力。

"一切为了群众，一切依靠群众，从群众中来，到群众中去"是我们党的根本工作路线。"人民就是上帝"，信仰人民就灵了。毛泽东在《愚公移山》一文中指出："我们一定要坚持下去，一定要不断地工作，我们也会感动上帝的。这个上帝不是别人，就是全中国的人民大众。"④我们共产党人之所以能够在长期发展中克服各种困难，战胜各种敌人，领导人

---

① 《毛泽东选集》第四卷，人民出版社1991年版，第1512页。
② 《毛泽东选集》第三卷，人民出版社1991年版，第1031页。
③ 《毛泽东选集》第一卷，人民出版社1991年版，第136页。
④ 《毛泽东选集》第三卷，人民出版社1991年版，第1102页。

民取得革命、建设和改革的伟大成就，一个根本原因就是我们始终坚持人民至上，始终深深地扎根于人民群众之中，人民群众为我们党提供了不竭的智慧和力量。

五、顺应历史潮流关注人类命运

人类社会发展的历史过程，就是由原始封闭的民族历史向广阔的世界历史的转变，这个转变的过程就是人类不断打破地域的限制和克服各种局限而获得完全解放的过程，是世界各民族互相依存并走向统一的过程。中国共产党始终坚持唯物史观，以世界眼光关注人类前途命运，从人类发展大潮流、世界变化大格局、中国发展大历史正确认识和处理同外部世界的关系。中国共产党坚持唯物史观的人类解放立场，是为中国人民谋幸福的党，也是为人类进步事业而奋斗的党，始终把为人类作出新的更大的贡献作为自己的使命。

中国共产党人传承中华优秀传统文化的天下情怀和共产主义的价值理想，把为世界作出更大贡献作为自己的一贯追求。20世纪50年代，毛泽东就曾提出："因为中国是一个具有九百六十万平方公里土地和六万万人口的国家，中国应当对于人类有较大的贡献。"[1] 改革开放以来，我们党继承并发展了这一思想。1985年，邓小平讲道："到下世纪中叶……社会主义中国的分量和作用就不同了，我们就可以对人类有较大的贡献。"[2] 习近平主席在亚洲文明对话大会开幕式上的主旨演讲中指出："今日之中国，不仅是中国之中国，而且是亚洲之中国、世界之中国。未来之中国，

---

[1]《毛泽东文集》第七卷，人民出版社1999年版，第156—157页。
[2]《邓小平文选》第三卷，人民出版社1993年版，第143页。

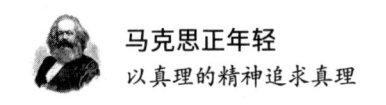

必将以更加开放的姿态拥抱世界、以更有活力的文明成就贡献世界。"①我们党凝聚起全民族的磅礴力量，不仅将其用于自身建设，同时将其用于为世界繁荣发展作出贡献。

我们党坚持文明多样性，构建美美与共的交流互鉴的文明观。世界是丰富多彩的，文明是多元多样的。"各美其美，美人之美，美美与共，天下大同"，文明相处需要和而不同的精神。不同文明凝聚着不同民族的智慧和贡献，只有在多样中相互尊重、彼此借鉴、和谐共存，这个世界才能丰富多彩、欣欣向荣，正所谓"五色交辉，相得益彰；八音合奏，终和且平"。文明多样性是人类社会的客观现实，是当代世界的基本特征。意识形态、社会制度、发展模式的差异，不应成为人类文明交流的障碍，更不能成为相互对抗的理由。我们积极维护文明多样性，推动不同文明对话交流，相互借鉴而不是相互排斥，让世界更加丰富多彩。

我们党始终坚持开放、不搞封闭，坚持互利共赢、不搞零和博弈，坚持主持公道、伸张正义，站在历史正确的一边，站在人类进步的一边。在中国的积极推动下，人类命运共同体已经取得了广泛的认可，多次被写入联合国文件，正在从理念转化为现实，产生广泛而深远的国际影响，引领着人类文明进步的方向。我们坚持和平发展道路，既通过维护世界和平发展自己，又通过自身发展维护世界和平，同世界上一切进步力量携手前进，不依附别人，不掠夺别人，永远不称霸，就一定能够不断为人类文明进步贡献智慧和力量，同世界各国人民一道，推动历史车轮向着光明的前途前进。在当今世界正经历的百年未有之大变局中，和平、发展、合作、共赢的时代潮流并没有变，世界各国人民的命运从未像今

---

① 《习近平外交演讲集》第二卷，中央文献出版社2022年版，第199页。

天这样紧密相连。面对机遇与挑战，昂首阔步进入新时代的中国必将不畏艰险，砥砺前行，同世界各国人民一道，推动构建人类命运共同体，携手建设更加美好的世界。

毛泽东 1949 年在《唯心历史观的破产》一文中指出："从一八四〇年的鸦片战争到一九一九年的五四运动的前夜，共计七十多年中，中国人没有什么思想武器可以抗御帝国主义。旧的顽固的封建主义的思想武器打了败仗了，抵不住，宣告破产了。不得已，中国人被迫从帝国主义的老家即西方资产阶级革命时代的武器库中学来了进化论、天赋人权论和资产阶级共和国等项思想武器和政治方案，组织过政党，举行过革命，以为可以外御列强，内建民国。但是这些东西也和封建主义的思想武器一样，软弱得很，又是抵不住，败下阵来，宣告破产了。"① 中国近代以来的历史证明，唯心主义历史观解决不了中国的问题，在现实面前节节败退、无能为力。"自从中国人学会了马克思列宁主义以后，中国人在精神上就由被动转入主动"②。中国共产党带领人民进行的百年伟大斗争，以及在革命、建设、改革历史进程中所取得的辉煌成就，充分证明了唯物史观在中国取得了伟大的胜利，并将继续取得更大的胜利。

---

① 《毛泽东选集》第四卷，人民出版社 1991 年版，第 1513—1514 页。
② 《毛泽东选集》第四卷，人民出版社 1991 年版，第 1516 页。

第四篇
以科学的态度对待科学

第二十章　守正创新的自觉性

第二十一章　理论形态的新建构

第二十二章　谱写理论的新篇章

第二十三章　创新理论的活灵魂

第二十四章　文化使命的新担负

第二十五章　理论武装的规律性

第二十章　守正创新的自觉性

党的二十大报告指出："必须坚持守正创新。我们从事的是前无古人的伟大事业，守正才能不迷失方向、不犯颠覆性错误，创新才能把握时代、引领时代。我们要以科学的态度对待科学、以真理的精神追求真理，坚持马克思主义基本原理不动摇，坚持党的全面领导不动摇，坚持中国特色社会主义不动摇，紧跟时代步伐，顺应实践发展，以满腔热忱对待一切新生事物，不断拓展认识的广度和深度，敢于说前人没有说过的新话，敢于干前人没有干过的事情，以新的理论指导新的实践。"[1]马克思主义是我们立党立国、兴党兴国的根本指导思想，必须始终坚持其基本立场观点方法，不能有任何形式的曲解和误读。马克思主义具有鲜明的实践品格，从来都不是僵死的教条和抽象的理论，而是扎根于实践并随着实践不断丰富和发展的具体的、鲜活的、开放的理论体系。我们要以科学的态度对待科学、以真理的精神追求真理，用发展着的马克思主义创造性地应对和解决不断遇到的新情况和新问题。

---

[1]《习近平著作选读》第一卷，人民出版社2023年版，第16—17页。

马克思正年轻
以真理的精神追求真理

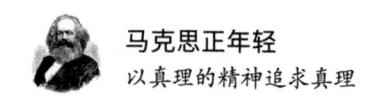

一、蕴含马克思主义精髓和中华优秀传统文化精华

坚持守正创新,既体现了马克思主义与时俱进的理论品格,也体现了中华优秀传统文化守经达权的伟大智慧,还体现了中国共产党人解放思想、实事求是、与时俱进的思想路线。

第一,坚持守正创新,体现了马克思主义的本真精神。真理是活的、具体的、历史的,从来不存在僵化的、教条的真理。马克思主义作为真理,是不断发展的开放的理论体系,具有在实践中不断自我更新、自我完善的理论品质。马克思主义的一些具体结论要以时间、地点、条件为转移,随着时代和实践的发展变化用符合新的实际的结论取代旧的过时的结论。正如恩格斯所强调的:"我们的理论是发展着的理论,而不是必须背得烂熟并机械地加以重复的教条。"[①]"马克思的整个世界观不是教义,而是方法。它提供的不是现成的教条,而是进一步研究的出发点和供这种研究使用的方法。"[②]也正如马克思、恩格斯在《共产党宣言》的德文版序言中所指出的:"这些原理的实际运用,正如《宣言》中所说的,随时随地都要以当时的历史条件为转移。"[③]"守正",就要以科学的态度对待科学、以真理的精神追求真理,不能够故步自封、封闭僵化,内在地蕴含着与时俱进的"创新"。"创新"不是本本主义的"照着讲",更不是离开马克思主义的真理另起炉灶"另外讲",而是按照马克思主义的本真精神"接着讲",这本身就是"守正"。因此,"守正"和"创新"本来就是一个问题的两个方面而已。

第二,坚持守正创新,体现了中华优秀传统文化守经达权的伟大智

[①] 《马克思恩格斯文集》第十卷,人民出版社2009年版,第562页。
[②] 《马克思恩格斯文集》第十卷,人民出版社2009年版,第691页。
[③] 《马克思恩格斯选集》第一卷,人民出版社2012年版,第376页。

慧。习近平总书记指出："中华文明的创新性，从根本上决定了中华民族守正不守旧、尊古不复古的进取精神，决定了中华民族不惧新挑战、勇于接受新事物的无畏品格。"①《易经》作为中华文化的大道之源和群经之首，深刻蕴含着中华民族的文化基因。中国古代辩证法的精髓所在便是"易"。郑玄《易赞》云："易之为名也，一言而函三义，简易一也，变易二也，不易三也。"所谓简易，即大道至简。《易经》云："易则易知，简则易从。""易简而天下之理得矣。"正所谓一阴一阳之谓道，简易的达成便为用，即变易之象与不易之理的相合。所谓变易，即认为事物是不断发展变化的，《易经》云："变化者，进退之象也。"所谓不易，就是纷繁复杂的事物及其变化背后蕴含着不变的根据和规律，即不易之理。三者是辩证统一的，我们观察事物是为了明事物之理，明事物之理则是为了资以为用。这就要求我们既要因时而变，随事而制，也要把握规律，顺势而为，在守正创新中运筹帷幄，有所为有所不为，以简驭繁。

第三，坚持守正创新，体现了中国共产党人解放思想、实事求是、与时俱进的思想路线。守正创新强调老祖宗不能丢，又要讲老祖宗没有说过的新话，干老祖宗没有干过的新事。所谓老祖宗不能丢，就是必须坚持马克思主义的立场观点方法。所谓讲新话、干新事，就是马克思主义必须与时俱进，必须随着时代、实践和科学的发展而发展，要在研究新情况、总结新经验的过程中努力创新理论、创新实践，勇于讲符合实际的、老祖宗没有讲过的新话，勇于开拓创新，干老祖宗没有干过的新事。任何一种理论，只有与一个国家的具体情况、要解决的实际问题结合起来，与这个国家的优秀文化贯通融合，才能在实践中展现思想伟力，指导推动国家和社会各项事业发展进步。习近平总书记强调："我们通过守

---

① 习近平：《在文化传承发展座谈会上的讲话》，《求是》2023年第17期。

马克思正年轻
以真理的精神追求真理

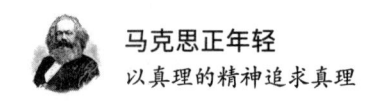

正创新形成了中国特色社会主义理论体系,守正就不能偏离马克思主义、社会主义,但不是刻舟求剑,还要往前发展、与时俱进,否则就是僵化的、陈旧的、过时的。"①

100多年来,我们党坚持解放思想和实事求是相统一、培元固本和守正创新相统一,不断开辟马克思主义新境界,用发展着的马克思主义指导我国革命、建设、改革实践,取得了举世瞩目的伟大成就。

二、体现马克思主义的真理立场和科学态度

守正与创新相辅相成,体现了"变"与"不变"、继承与发展、原则性与创造性的统一。我们要守正,但不是故步自封,还要往前发展、与时俱进,否则就是陈旧的、过时的、保守的。我们要创新,但不能偏离马克思主义、社会主义,不能动摇党的领导,否则就是改旗易帜、变质变色。马克思指出:"理论在一个国家实现的程度,总是取决于理论满足这个国家的需要的程度。"②中国共产党人深刻认识到,只有把马克思主义基本原理同中国具体实际相结合、同中华优秀传统文化相结合,坚持运用辩证唯物主义和历史唯物主义,才能正确回答时代和实践提出的重大问题,才能始终保持马克思主义的蓬勃生机和旺盛活力。

第一,坚持守正创新,必须以真理的精神追求真理,做到"守正"与"创新"的内在统一。"创新"是"守正"的题中应有之义。坚持马克思主义,本身就内在蕴含着发展马克思主义和运用马克思主义。坚持马克思主义,并不是要固守马克思主义经典作家给出的所有结论,而是坚守马克思主义一以贯之的世界观和方法论,坚持好、运用好贯穿其中的

---

① 习近平:《论党的青年工作》,中央文献出版社2022年版,第185页。
② 《马克思恩格斯选集》第一卷,人民出版社2012年版,第11页。

基本立场观点方法，针对新的问题给出新的答案，提供解决问题的新理念新思想新战略。马克思主义并没有结束真理，而是开辟了通往真理的道路。

永葆马克思主义的生机活力，必须以真理的精神追求真理，始终坚持马克思主义的真理不动摇，尤其是作为辩证唯物主义和历史唯物主义核心内容的贯穿其中的人类解放的价值追求、诉诸现实运动的实践观点、立足历史维度的唯物辩证法，构成了马克思主义的思想精髓。这是马克思主义一脉相承的"脉"，是马克思主义万变不离其宗的"宗"。

坚持马克思主义，就是活学活用马克思主义活的灵魂。在把马克思主义基本原理同各国实际和时代特征相结合的过程中，不仅要因地制宜，也要因时而异，还要顺势而为，根据不同的条件具体问题具体分析，灵活运用，勇于得出新的结论，创造出新的理论，以指导新的实践。

第二，坚持守正创新，必须以科学的态度对待科学，做到"坚持"与"发展"的内在统一。坚持是发展的前提，真正的坚持必然寓于发展之中。发展是坚持的结果，在新的实践中坚持正确运用马克思主义基本原理，得到的结果必然是发展。坚持与发展是高度有机统一的。如果把坚持同发展分割开来，或片面、单纯地强调一个方面，都会失之偏颇。习近平总书记指出："对待马克思主义，不能采取教条主义的态度，也不能采取实用主义的态度。如果不顾历史条件和现实情况变化，拘泥于马克思主义经典作家在特定历史条件下、针对具体情况作出的某些个别论断和具体行动纲领，我们就会因为思想脱离实际而不能顺利前进，甚至发生失误。"[①] 一般来说，只强调坚持而不谈发展，就容易产生教条主义；只强调发展而不谈坚持，就容易产生实用主义。教条主义与实用主义同

---

① 习近平：《在哲学社会科学工作座谈会上的讲话》，人民出版社2016年版，第13页。

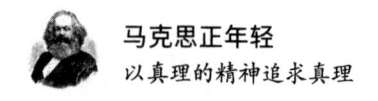

样有害。

并不是马克思主义经典作家说的每一句话都是永恒的真理。马克思主义的真理最主要的就是马克思主义基本原理,而不是经典作家在特定历史条件下所作出的每一个个别具体结论。马克思主义基本原理,是被长期实践反复证明了的、在一定领域具有普遍真理性的科学原理,反映了事物发展的普遍规律,因而具有普遍的指导意义。习近平总书记指出:"从《共产党宣言》发表到今天,170年过去了,人类社会发生了翻天覆地的变化,但马克思主义所阐述的一般原理整个来说仍然是完全正确的。我们要坚持和运用辩证唯物主义和历史唯物主义的世界观和方法论,坚持和运用马克思主义立场、观点、方法,坚持和运用马克思主义关于世界的物质性及其发展规律,关于人类社会发展的自然性、历史性及其相关规律,关于人的解放和自由全面发展的规律,关于认识的本质及其发展规律等原理,坚持和运用马克思主义的实践观、群众观、阶级观、发展观、矛盾观,真正把马克思主义这个看家本领学精悟透用好。"[①] 马克思主义基本原理在实现共产主义之前,都是放之四海而皆准的真理而绝不会过时;即使在共产主义实现之后,马克思主义关于矛盾的普遍性与特殊性、唯物辩证法的批判性与革命性、世界的普遍联系和永恒发展等的哲学智慧也不会过时。而个别结论则不同,它是对某一具体事物特殊本质的反映,其真理性因条件的改变而改变,因而不具有普遍的指导意义。坚持马克思主义基本原理就是坚持马克思主义;否定马克思主义基本原理就是否定马克思主义。不论在什么情况下,都必须旗帜鲜明地坚持马克思主义基本原理,不能有丝毫的含糊。我们必须把马克思主义基本原理同个别结论区别开来。如果把个别结论误认为是马克思主义基本原理

---

① 习近平:《在纪念马克思诞辰200周年大会上的讲话》,人民出版社2018年版,第25页。

到处照抄照搬，就会犯教条主义错误；如果把马克思主义基本原理当作个别结论，以为可以不必坚守，就会犯违背马克思主义的错误。这两种倾向都是应当加以防止的。

第三，坚持守正创新，必须坚持党的全面领导和科学社会主义基本原则不动摇，坚持通过自我革命不断完善党的领导，通过全面深化改革不断完善和发展中国特色社会主义。马克思主义政党建设的理论是马克思主义的重要组成部分，坚持马克思主义就必须一以贯之地坚持党的建设理论。习近平总书记在纪念马克思诞辰200周年大会上的讲话中指出："马克思主义是人民的理论，第一次创立了人民实现自身解放的思想体系。"① 中国共产党是以马克思主义为指导建立的无产阶级政党，其根本使命就在于实现人类的解放。马克思、恩格斯认为，"在无产阶级和资产阶级的斗争所经历的各个发展阶段上，共产党人始终代表整个运动的利益""他们没有任何同整个无产阶级的利益不同的利益"②，而是要"为绝大多数人谋利益"，为建设共产主义社会而奋斗。因此，坚持马克思主义，实现人类解放，就必须坚持党的全面领导。坚持党的领导，必须不断改善党的领导，让党的领导更加适应实践、时代和人民的要求，因此，我们必须勇于自我革命，不断守正创新，不断完善党的领导。勇于自我革命是我们党最鲜明的品格，也是我们党最大的优势，是我们党区别于其他政党的显著标志，也是我们党跳出治乱兴衰历史周期率、解决大党独有难题的秘诀。前进道路上，我们要不断深化对自我革命规律的认识，不断推进党的建设理论创新、实践创新、制度创新，坚持制度治党、依规治党，使全面从严治党各项工作更好体现时代性、把握规律性、富于创造性，以伟大自我革命引领伟大社会革命，以伟大社会革命促进伟大

---

① 习近平：《在纪念马克思诞辰200周年大会上的讲话》，人民出版社2018年版，第8页。
② 马克思、恩格斯：《共产党宣言》，人民出版社2018年版，第41页。

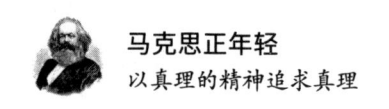

自我革命，确保党在新时代坚持和发展中国特色社会主义的历史进程中始终成为坚强领导核心。

科学社会主义基本原则内在蕴含着马克思主义的真理，坚持马克思主义就必须坚持社会主义，坚持社会主义就必须坚持科学社会主义。科学社会主义从来都不是僵化的教条，而是不断与时俱进的科学理论体系。恩格斯曾指出："'所谓社会主义社会'不是一种一成不变的东西，而应当和任何其他社会制度一样，把它看成是经常变化和改革的社会。"[①]习近平总书记在纪念马克思诞辰200周年大会上的讲话中指出："科学社会主义基本原则不能丢，丢了就不是社会主义。同时，科学社会主义也绝不是一成不变的教条。"[②]习近平总书记在党的十九届四中全会第二次全体会议上的讲话中指出："科学社会主义和空想社会主义的一大区别，就在于它不是一成不变的教条，而是把社会主义看作一个不断完善和发展的实践过程。"[③]在当代中国，坚持社会主义就必须坚持中国特色社会主义，坚持中国特色社会主义就是坚持马克思主义。中国特色社会主义伟大事业所取得的辉煌成就，正是基于伟大的中国共产党人坚持解放思想、实事求是，不僵化保守和故步自封，通过不断自我革命推动社会革命，勇于创新，勇于变革，不断深化改革开放，不断推进国家治理体系和治理能力现代化，从而使中国特色社会主义制度不断得到坚持和完善、中国特色社会主义现代化建设不断推进。我们过去取得的实践和理论成果，能够帮助我们更好面对和解决前进中的问题，但不能成为我们骄傲自满的理由，更不能成为我们继续前进的包袱。我们的事业越前进、越发展，新情况新问题就会越多，面临的风险和挑战就会越多，面对的不可预料

---

① 《马克思恩格斯选集》第四卷，人民出版社2012年版，第601页。
② 习近平：《在纪念马克思诞辰200周年大会上的讲话》，人民出版社2018年版，第26页。
③ 《习近平谈治国理政》第三卷，外文出版社2020年版，第123页。

的事情就会越多。坚持和发展中国特色社会主义，必须一以贯之全面深化改革，不断通过自我革命推动社会革命。

在新时代推进中国式现代化，我们必须坚持马克思主义基本原理不动摇，坚持党的全面领导不动摇，坚持中国特色社会主义不动摇，紧跟时代步伐，顺应实践发展，以满腔热忱对待一切新生事物，不断拓展认识的广度和深度，敢于说前人没有说过的新话，敢于干前人没有干过的事情，以新的理论指导新的实践。

三、不断推进马克思主义中国化时代化

党的二十大报告指出："中国共产党为什么能，中国特色社会主义为什么好，归根到底是马克思主义行，是中国化时代化的马克思主义行。"[①] 坚持守正创新，归根到底是用发展着的马克思主义、中国化时代化的马克思主义指导现实实践、解决实际问题，推动中国特色社会主义伟大事业。因此，守正创新必须坚持问题导向，紧跟时代步伐，坚持以马克思主义把握时代和引领时代。

第一，中国化时代化的马克思主义行，是因为马克思主义的真理行。只有活的马克思主义，才能永葆生机活力和真理性，这样的马克思主义才行、才管用。中国共产党人不断推进马克思主义中国化时代化。中国化、时代化，都是动词，都是确保马克思主义不断地在"化"，而保持鲜活性和具体性，从而永葆真理性。这是一个追求真理、揭示真理、笃行真理的过程。在当代中国，是中国化时代化的马克思主义行，因为它始终保持马克思主义的真理性，归根到底是因为马克思主义的真理行。

---

① 《习近平著作选读》第一卷，人民出版社2023年版，第14页。

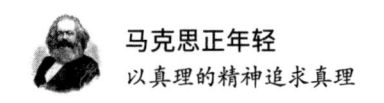

马克思正年轻
以真理的精神追求真理

这里涉及对真理的理解问题。真理从来都不是僵死的教条，而是保持生命活力的一个不断发展的过程。如果把真理等同于结论，那么就存在僵化的教条主义可能。结论中也许蕴含着真理，但是结论不等于真理，也可能会背离真理。因为所有的结论都是有一定的具体历史条件的，如果脱离了具体的历史条件，曾经正确的结论也可能会远离真理，甚至转变成谬误。习近平总书记指出："时代在发展，事业在前进，我们不能简单拿马克思、恩格斯、列宁当年所说的话来套今天的中国实际，也不能简单拿党过去提出的一些具体理论观点和由此产生的具体政策举措来套今天的工作。什么事情都要看一百多年前是怎么说的、几十年前是怎么说的，不能越雷池一步，只能亦步亦趋，那还怎么前进？！那不是真正的马克思主义！"① 马克思主义之所以具有真理的力量，其中一个根本原因就是，它从来都不是僵化的教条，反对任何以教条主义的态度对待自己的理论和实践。

第二，中国化时代化的马克思主义是有"根"也有"魂"的，是在守正创新中不断与时俱进的马克思主义。2023年6月30日，习近平总书记在中共中央政治局第六次集体学习时强调："马克思主义中国化时代化这个重大命题本身就决定，我们决不能抛弃马克思主义这个魂脉，决不能抛弃中华优秀传统文化这个根脉。坚守好这个魂和根，是理论创新的基础和前提。理论创新必须讲新话，但不能丢了老祖宗，数典忘祖就等于割断了魂脉和根脉，最终会犯失去魂脉和根脉的颠覆性错误。"② "根"就是中华民族5000多年的优秀传统文化，"魂"就是马克思主义的真理和活的灵魂。只有扎根于5000多年的中华文明，从中不断汲取文化营养，

---

① 习近平：《更好把握和运用党的百年奋斗历史经验》，《求是》2022年第13期。
② 《习近平在中共中央政治局第六次集体学习时强调 不断深化对党的理论创新的规律性认识 在新时代新征程上取得更为丰硕的理论创新成果》，《人民日报》2023年7月2日。

马克思主义才能根深叶茂。只有同中国具体实际相结合，与时代脉搏同频共振，马克思主义才能保持生机活力。我们党之所以能够团结带领全国各族人民历经革命、建设、改革，从一个胜利走向另一个胜利，创造一个又一个奇迹，一个重要原因就是活学活用马克思主义活的灵魂，扎根于中国具体实际和中华优秀传统文化，不断推动马克思主义中国化时代化，用不断发展着的活的马克思主义指导实践。2022年1月11日，习近平总书记在省部级主要领导干部学习贯彻党的十九届六中全会精神专题研讨班上的讲话中指出："全会决议在总结党的百年奋斗历史经验时强调，党之所以能够领导人民在一次次求索、一次次挫折、一次次开拓中完成中国其他各种政治力量不可能完成的艰巨任务，根本在于坚持把马克思主义基本原理同中国具体实际相结合、同中华优秀传统文化相结合，坚持实践是检验真理的唯一标准，坚持一切从实际出发，及时回答时代之问、人民之问，不断推进马克思主义中国化时代化。"[①]

第三，作为马克思主义中国化时代化的最新成果，习近平新时代中国特色社会主义思想深刻体现了"两个结合"的真理精髓和文化精华。习近平新时代中国特色社会主义思想坚持马克思主义立场观点方法和科学社会主义基本原则，把马克思主义基本原理同中国具体实际相结合、同中华优秀传统文化相结合，坚持人民至上，坚持自信自立，坚持守正创新，坚持问题导向，坚持系统观念，坚持胸怀天下，全面系统回答了新时代坚持和发展中国特色社会主义的一系列重大理论和实践问题，为马克思主义中国化时代化作出了原创性贡献，为我们党和人民认识世界、改造世界提供了强大思想武器。习近平总书记在学习贯彻习近平新时代中国特色社会主义思想主题教育工作会议上的讲话中强调："要全面

---

① 习近平：《更好把握和运用党的百年奋斗历史经验》，《求是》2022年第13期。

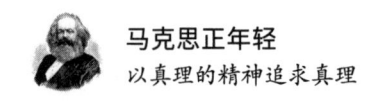

马克思正年轻
以真理的精神追求真理

学习领会新时代中国特色社会主义思想，全面系统掌握这一思想的基本观点、科学体系，把握好这一思想的世界观、方法论，坚持好、运用好贯穿其中的立场观点方法，不断增进对党的创新理论的政治认同、思想认同、理论认同、情感认同，真正把马克思主义看家本领学到手，自觉用新时代中国特色社会主义思想指导各项工作。"①"六个必须坚持"的每一个"坚持"，都是坚持运用辩证唯物主义和历史唯物主义的必然结论，既蕴含着马克思主义人类解放的根本价值追求、与时俱进的理论品格、具体问题具体分析的活的灵魂、唯物辩证法的根本方法论、求真务实的实践观点、世界历史的人类关怀，又体现着中华优秀传统文化中民为邦本、守经达权、守正出新、与时偕行、自强不息、开物成务、知行合一、天下大同的中国智慧，同时又根据中国的具体实际和着眼于需要解决的具体问题，进行了新的概括和提炼，深刻体现着当今时代精神，构成了习近平新时代中国特色社会主义思想的世界观和方法论理论体系，是一个有机的统一的系统整体。

习近平总书记指出："新的征程上，我们必须坚持马克思列宁主义、毛泽东思想、邓小平理论、'三个代表'重要思想、科学发展观，全面贯彻新时代中国特色社会主义思想，坚持把马克思主义基本原理同中国具体实际相结合、同中华优秀传统文化相结合，用马克思主义观察时代、把握时代、引领时代，继续发展当代中国马克思主义、二十一世纪马克思主义！"②这就要求我们准确把握时代大势，勇于站在人类发展前沿，聆听人民心声，回应现实需要，坚持解放思想、实事求是、与时俱进，更好地把坚持马克思主义和发展马克思主义统一起来，及时科学回答中

---

① 习近平：《在学习贯彻习近平新时代中国特色社会主义思想主题教育工作会议上的讲话》，《求是》2023年第9期。
② 《习近平著作选读》第二卷，人民出版社2023年版，第483页。

国之问、世界之问、人民之问、时代之问，推进马克思主义创新发展，让马克思主义展现出更强大、更有说服力的真理力量，指引党和国家事业再创新的奇迹、取得更大胜利。

第二十一章　理论形态的新建构

当代中国正处于从传统社会向现代社会和后现代社会、从农业社会向工业社会和信息社会、从传统计划经济向商品经济和完善的社会主义市场经济、从封闭和半封闭向全面对外开放和深度世界融合的社会转型升级期，社会结构、社会组织形式、社会价值理念等都已经或正在发生深刻变化。随着当代中国社会的转型升级，中国学术界对马克思主义哲学的研究，从总体上看，无论是在基础理论、文本解读的问题上，还是在与西方哲学前沿问题交流与对话，以及对中国建设实践的哲学反思等问题上，都取得了可喜的成绩：一方面，对于基础理论问题的研究不断深化，既有对传统的解释模式、理论内容的辩护，又有对这种解释模式和理论内容的直接批判；另一方面，注重理论与实践相结合，不断凸显哲学的问题意识，真正的哲学的本质既反映现实世界又融入现实世界，关注现实世界变革，在现实生活中发挥活的灵魂的作用。当前马克思主义哲学研究的学术走向，具体来说可以归纳为以下几个方面。

一、建构新形态，实现马克思主义哲学总体创新

随着科学技术的发展和社会历史的变迁，马克思主义哲学遇到了各种各样的挑战，例如，全球化的深度推进、现代科技的高度发展和西方

各种现代思潮的诘难等。任何"真正的哲学"都是"自己时代的精神上的精华",马克思主义哲学具有不断创新和与时俱进的理论品质,因此,根据当前中国社会历史实践,建构反映时代特征的新形态,是马克思主义哲学有效应对各种挑战,从而保持其旺盛的生命力和强大的理论解释能力的根本途径,这既符合马克思主义哲学的理论本质,也是历史逻辑的必然。当前建构马克思主义哲学新形态,主要沿着以下几个路径展开。

第一,通过建构新体系实现马克思主义哲学形态创新。马克思主义哲学是生根于现实生活之上的、以不断发展着的活生生的实践为基础的哲学,当然要随着社会实践的发展而不断丰富和发展其理论形态。毫无疑问,在马克思主义哲学创新方面,我们不能只是为建构新体系而建构,而是应该研究现实问题、回答时代课题,但是并不排斥和否定必要的体系建构。相反,新问题研究的不断进行和积累,会培育新的问题系统,形成新的问题结构,生成新的问题逻辑,这就必然在客观上提出了建构新的体系的现实任务。当前学界的研究也充分体现了这样的学术走向,例如,学界先后提出了实践唯物主义、实践本体论、历史唯物论、以历史唯物主义为核心的实践哲学、交往实践唯物主义、实践生成本体论、创新实践唯物主义、后实践唯物主义、实践人道主义等,呈现出百花齐放、百家争鸣的学术局面,这都是通过体系建构实现马克思主义哲学创新的探索和尝试。

第二,通过总结提炼新的哲学范畴建构马克思主义哲学新形态。从哲学的高度思考和概括时代发展中出现的新现象、新问题、新成果,并根据时代课题总结提炼出能够反映时代精神的哲学范畴,无疑也是建构马克思主义哲学新形态的一个重要路径。例如,随着经济的发展和科技的进步,我们已经开始向信息时代迈进,以数字化、虚拟化等为主要特征的信息网络技术,极大地改变了人们的生产生活方式以及社会组织结

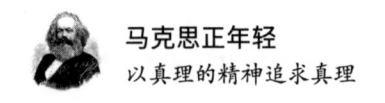

构和人的思想观念,在此基础上,学界提出了能够反映这种时代特征的"虚拟实践"范畴;再如,伴随新技术革命浪潮的蓬勃兴起,发达国家开始了持续深入的产业结构调整,社会主义国家和发展中国家出现了市场取向的改革,世界范围内形成了一股经久不衰的创新浪潮,"创新"成为反映当代时代精神的重要概念,学界就在此基础上提出了能够反映时代特征的"创新实践"范畴;等等。在哲学上提炼出新范畴,并在此基础上使马克思主义哲学实现总体创新,就成为马克思主义哲学保持持久生命力、体现当今时代精神精华的内在逻辑。

第三,通过加强对话,兼容并蓄建构马克思主义哲学新形态。马克思主义哲学作为一个开放的科学体系,不是"离开世界文明发展大道而产生的一种故步自封、僵化不变的学说"①。在当下中国,要建构马克思主义哲学的新形态,就要始终保持博大、开放、包容的胸怀,广泛吸收和借鉴人类思想文化发展中的一切优秀成果,不论是中国古代哲学的研究成果,还是西方现代哲学的研究成果,不论是当代中国社会科学的研究成果,还是国际上社会科学的研究成果,都需要进行概括和总结,进行吸收和借鉴。对于古今中外的一切有益的思想资源,都有必要采取具体分析的态度,以马克思主义的立场观点方法进行提炼,马克思主义哲学才能保持自身的理论特质,同时又能在吸收人类优秀文化成果的基础上进行创新。我们要进一步发展"中西马"对话,不断通过对国内外哲学社会科学研究中有益成果的吸收和借鉴,坚持以马克思主义哲学为指导,以中国传统哲学为根,以西方哲学为养料,构建反映时代特点、符合民族特征的哲学形态。

---

① 《列宁选集》第二卷,人民出版社2012年版,第309页。

二、强化问题意识，实现马克思主义哲学时代化

在马克思看来，任何哲学都是一定时代的产物，但只有真正把握住自己所处时代的脉搏、深刻体现了时代精神的哲学，才能给人类实践以正确指导，推动历史的发展与时代的进步，因而才称得上是"真正的哲学"。每个时代都有属于自己的时代问题，准确地把握并解决时代问题是思想和社会进步的动力。任何哲学研究都必须对现实生活中人的生存境遇、价值诉求等层面凸显出来的矛盾与问题进行深度的研究、审视与批判，要在思想与时代问题的互动对话中完成，就必须把握时代脉搏，强化问题意识，正确审视当代社会发展的问题与困境。

在马克思主义哲学指导下，部门哲学的研究方兴未艾，凸显了哲学研究问题意识的增强，成为哲学关注现实问题的一种重要研究范式。我国哲学界不断深化对马克思主义哲学理论和中国特色社会主义伟大实践的研究，提出和构建了"政治哲学""生活哲学""价值哲学""经济哲学""文化哲学""管理哲学""发展哲学""制度哲学""生态哲学""创新哲学""生命哲学"等众多新的哲学理念和哲学形态。部门哲学的兴起是马克思主义哲学回应中国改革开放和现代化建设需要、超越传统哲学教科书体系而向生活实践回归的结果。部门哲学在理论与实践、文本与问题、哲学与具体科学的"视域融合"中推进了马克思主义哲学的理论创新。在社会问题日益领域化、复杂化的背景下，部门哲学仍将是中国哲学研究的一个重要走向。伴随着部门哲学的视角指向构成世界的各个部分或人类特定实践活动，作为部门哲学研究的基本哲学立场和最主要分析工具的马克思主义哲学，必然随着部门哲学研究的发展而不断地得到丰富与发展。

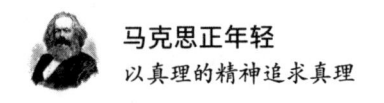

> 马克思正年轻
> 以真理的精神追求真理

三、面向中国问题，推进马克思主义哲学中国化

改革开放以来，我们党既坚持科学社会主义基本原则，又坚持解放思想、实事求是、与时俱进，成功开辟了中国特色社会主义道路。这条道路，马克思主义经典作家没有讲过，前人没有走过，包含着一系列重大的实践创新，为新的时代条件下推进马克思主义哲学创新提供了深厚的实践基础。为此，我国要激活马克思主义哲学研究，必须准确捕捉当今中国问题，再把中国问题提升到哲学层面进行研究，进而提升出哲学理念、思想与思维方式，并以思想的方式影响现实。

全球化和现代化研究的代表人物哈维，提出的"时空压缩"理论很好地诠释了中国问题的特殊性。哈维认为，现代性改变了时间与空间的表现形式，并进而改变了我们经历与体验时间与空间的方式。而由现代性促进的"时空压缩"过程，在后现代时期已被大大加速，迈向"时空压缩"的强化阶段。由于"时空压缩"效应，中国的社会转型升级具有了十分复杂的时代背景。从时间上看，中国的社会转型是叠加进行的。近代以来，世界历史从农业社会转向工业社会，再从工业社会转向信息社会，先后实现了两次社会转型，而中国则将这两次社会大转型压缩在一起。从空间上看，中国的社会转型是多元复合的，在"空间压缩"效应下，中国社会转型规模之大、速度之快和程度之深是史无前例的，其中的矛盾和问题当然也是世所罕见的。与西方发达国家用了几百年时间实现从传统社会转变为现代社会进而进入后现代社会不同，我国在40多年的发展时间里，既有从传统社会转变为现代社会的问题，又有从农业社会转变为工业社会的问题，还有从计划经济转变为市场经济的问题，更有从封闭社会走向开放社会的问题；既有前工业化的问题，也有工业化的问题，还有一些后工业化的问题的端倪；既有最不发达国家的问题，也有发展中国家的问题，还有发达国家的问题。这样，改革开放的中国就面对着传统性、现代性与后现代性前所未有的大汇聚、大冲撞、大融合。毫无疑问，发展中国的马克思主义哲学，必须立足中国实践，这就在客观上向人们提出了直面中国问题的现实要求。

四、面向人民群众，促进马克思主义哲学大众化

近年来，马克思主义哲学学术研究取得了丰硕的成果，在哲学观念、思维方式、研究理路、文献积累、话语方式等方面都有了长足的进步。然而，伴随这一过程出现了马克思主义哲学的学术化倾向强化而大众化取向缺失的问题。众所周知，马克思主义哲学本身就是大众的哲学，是致力于人类解放和人的自由全面发展的学说。"哲学的世界化"和"世界的哲学化"是马克思始终怀抱的哲学理想。"哲学把无产阶级当做自己的物质武器，同样，无产阶级也把哲学当做自己的精神武器"[①]，这是马克思主义哲学不变的理论旨向和实践诉求。推动马克思主义哲学大众化，使其回归大众，成为人们自觉改造世界的强大理论武器，这项任务十分紧迫，刻不容缓。

第一，马克思主义哲学大众化，必须立足于人民群众的现实生活。马克思主义哲学的研究和宣传，既要仰望星空，又要立足于大地，扎根生活沃土。针对当前有些马克思主义哲学学者越来越专注于"纯粹的学术"，局限在一个小的学术圈子里自说自话的现象，当代中国马克思主义哲学研究，必须与本国实际相结合，具有中国的特点；必须与时代发展同进步，紧扣时代的脉搏；必须与人民群众共命运，关心和满足人民

[①] 《马克思恩格斯选集》第一卷，人民出版社2012年版，第16页。

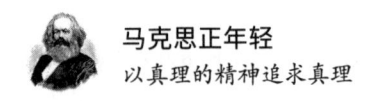

群众的精神文化需求。

第二，马克思主义哲学大众化，必须聚焦和解答时代问题。马克思主义哲学大众化并不等于庸俗化，必须能够切切实实从问题出发，尤其要立足于当代中国的问题，提出问题、分析问题、解决问题。只有正视和破解人们心中的困惑，才能赋予马克思主义理论以新的生命。哲学只有科学回答了大众的问题，大众才会关注哲学，哲学才会走向大众。哲学研究要肩负起体现时代精神的伟大使命，力求在一些重大社会发展问题上做出富有创造性、说服力的新概括、新表达，为中国道路提供坚实的哲学学理支撑。

第三，马克思主义哲学大众化，必须使用大众话语。马克思主义哲学能不能实现大众化，重要的一点就在于能不能实现有效、合理的话语表达。话语内容一定要言之有物、言之有味，讲得入情入理，让群众乐于接受。马克思主义话语体系在表达内容的科学性、真理性上与世界是相通的，但在表达方式上要有中国风格、中国气派，要能为广大群众所喜闻乐见。马克思主义话语的宣传是必须坚持的，但宣传要讲究方式和效果，要遵循心理学包括社会心理学的规律。不顾场合和对象的重复、生硬的灌输惹人生厌，结果适得其反，因此，马克思主义哲学必须使话语表达大众化、通俗化，用民众听得懂、听得进去的话语方式来研究和表述，不断增强马克思主义哲学的感染力和影响力。

当然，科学阐释马克思主义理论与宣传、普及这种理论的话语方式是不同的，前者要求学术化、专业化，后者要求通俗化、大众化。当前学界的研究也体现了这样一个趋势，例如，《新大众哲学》的编写和出版就是这方面工作的突出成果。本人的拙作《问道马克思——为什么信仰马克思主义？》《信仰——马克思主义的"道"与社会主义的"理"》以及这本《马克思正年轻——以真理的精神追求真理》，也是就这个方面的工作进行的力所能及的尝试。

五、实践与文本互动，实现马克思主义哲学创新

文本研究是马克思主义哲学研究的重要组成部分，也是推进马克思主义哲学创新的基础工作。马克思主义哲学的原著，包括马克思主义哲学创始人和继承者的原著，为研究和推进马克思主义哲学的与时俱进提供了最根本的文本依据。通过对马克思主义哲学原典的客观、准确、深入解读，我们能够更为准确地把握马克思主义哲学的基本精神，也才有利于在坚持马克思主义哲学的基础上发展马克思主义哲学。

第一，要通过文本研究为当代实践提供理论支撑和思想引领。学界在这方面的努力和探索已经取得了可喜的成绩，例如，一大批中国学者通过对《1844年经济学哲学手稿》文本的研究，开掘出了马克思人学思想，为我们党"以人为本"的理论创新提供了思想理论资源；面对日益严峻的环境问题，中国学者通过加强对马克思生态思想的文本研究，为我们党"生态文明"建设的理论创新提供了思想理论资源；通过对马克思的文本，特别是《资本论》中正义思想的研究，为我们党正确认识效率与公平的关系提供了思想理论资源；等等。这些都为我们的改革发展稳定和科学决策提供了重要的思想资源。

第二，要用当代实践激活文本研究。在哲学原典的研究方面，历来有"我注六经"与"六经注我"两种不同解读方式的争论。仅仅采用"我注六经"的方式，既存在一个能否找到本真状态的马克思的问题，还存在找到了本真的马克思是否就能解决发展马克思的问题。即使我们找到了"本真的马克思"，也绝不等于就能解决当代人类发展面临的所有问题。马克思主义哲学的创新，需要返本开新。怎样返本开新？就是要从当代

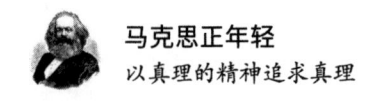

实践需要出发，加强对文本的研究，从马克思主义哲学的原典中寻找回答当代实践问题的立场、观点和方法，这就是"以当代实践激活马克思的文本研究"。这样才能用发展着的马克思主义指导新的实践。

总之，马克思主义哲学研究的学术路向，除了不断深化对原典和文本深入挖掘、不断对原理和范畴进行深化和发展，更加注重坚持理论与实践紧密结合的原则，充分发挥马克思主义哲学对现实生活的引导功能，特别是注重通过对丰富生动的中国特色社会主义现代化建设实践的分析研究，构建符合中国社会实践需要的马克思主义哲学理论体系。

第二十二章　谱写理论的新篇章

党的二十大报告指出："马克思主义是我们立党立国、兴党兴国的根本指导思想。实践告诉我们，中国共产党为什么能，中国特色社会主义为什么好，归根到底是马克思主义行，是中国化时代化的马克思主义行。拥有马克思主义科学理论指导是我们党坚定信仰信念、把握历史主动的根本所在。"[①] 马克思主义从来不是僵死的教条，而是随着实践不断发展的开放的理论，在实践中检验和发展真理是马克思主义永葆生机活力的奥秘所在。100多年来，中国共产党人始终坚持守正创新，把马克思主义基本原理同中国具体实际相结合、同中华优秀传统文化相结合，不断推动马克思主义的中国化时代化，用发展着的马克思主义指导革命、建设、改革和发展实践，不断彰显着马克思主义的真理力量。实践充分证明，中国化时代化的马克思主义行。不断谱写马克思主义中国化时代化新篇章，是当代中国共产党人的庄严历史责任。

---

① 《习近平著作选读》第一卷，人民出版社2023年版，第14页。

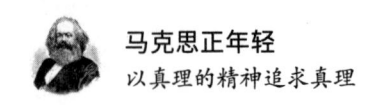

马克思正年轻
以真理的精神追求真理

一、推进马克思主义中国化时代化是一个追求真理、揭示真理、笃行真理的过程

100多年来,中国共产党坚持把马克思主义写在自己的旗帜上,不断推进马克思主义中国化时代化,用博大胸怀吸收人类创造的一切优秀文明成果,用马克思主义中国化时代化的科学理论引领伟大实践。我们坚持守正创新,既不迷信他人的经验,也不局限固有的教条,把马克思主义基本原理同中国具体实际相结合、同中华优秀传统文化相结合,不断彰显马克思主义的真理力量、道义力量和实践力量,团结带领全国各族人民历经革命、建设、改革,特别是党的十八大以来推动党和国家事业取得历史性成就、发生历史性变革,使中国这个古老的东方大国创造了人类历史上前所未有的发展奇迹,中华民族迎来了从站起来、富起来到强起来的伟大飞跃。

坚持推进马克思主义中国化时代化,充分彰显马克思主义的真理力量,中华民族实现了从"东亚病夫"到站起来的伟大飞跃。从19世纪中叶到20世纪中叶,各种政治势力和思潮轮番登上中国历史舞台,诸多仁人志士前赴后继地发动改良运动和革命运动,寻求着民族复兴的希望,这些努力最后纷纷以失败告终。毛泽东指出:"一九一七年的俄国革命唤醒了中国人,中国人学得了一样新的东西,这就是马克思列宁主义。……从此以后,中国改换了方向。"① 马克思主义的伟大力量,就在于它是和各个国家具体的革命实践相联系的。毛泽东指出:"离开中国特点来谈马克思主义,只是抽象的空洞的马克思主义。因此,使马克思主义在中国具体化,使之在其每一表现中带着必须有的中国的特性,即是

---

① 《毛泽东选集》第四卷,人民出版社1991年版,第1514页。

说，按照中国的特点去应用它，成为全党亟待了解并亟须解决的问题。"①以毛泽东同志为主要代表的中国共产党人，打破对苏联革命经验的迷信、冲破教条主义的束缚，坚持把马克思主义基本原理同中国具体的革命实际相结合，独立自主探索自己的革命道路，积极开展土地改革，放手发动群众，紧紧依靠广大人民的力量，找到了一条"农村包围城市，武装夺取政权"的正确革命道路，实现了新民主主义革命胜利，并在中国化时代化马克思主义指导下建立起了社会主义制度，完成了社会主义革命，实现了中华民族有史以来最为广泛而深刻的社会变革。

坚持推进马克思主义中国化时代化，充分彰显马克思主义的真理力量，中华民族实现了从站起来到富起来的伟大飞跃。在改革开放和社会主义现代化建设新时期，我们坚持实事求是这一马克思主义的根本观点，一切从实际出发，解放思想，从理论和实践上突破一切教条主义的束缚，开辟了中国特色社会主义道路，大踏步赶上了时代。面对思想的禁锢，邓小平指出："不以新的思想、观点去继承、发展马克思主义，不是真正的马克思主义者。"②他说，马克思去世以后100多年，世界形势发生了巨大变化，现代科学技术日新月异，我们"绝不能要求马克思为解决他去世之后上百年、几百年所产生的问题提供现成答案。列宁同样也不能承担为他去世以后五十年、一百年所产生的问题提供现成答案的任务。真正的马克思列宁主义者必须根据现在的情况，认识、继承和发展马克思列宁主义"③。他强调："马克思主义理论从来不是教条，而是行动的指南。它要求人们根据它的基本原则和基本方法，不断结合变化着的实际，探索解决新问题的答案，从而也发展马克思主义理论本身。"④改革开放以

---

① 《毛泽东选集》第二卷，人民出版社1991年版，第534页。
② 《邓小平文选》第三卷，人民出版社1993年版，第292页。
③ 《邓小平文选》第三卷，人民出版社1993年版，第291页。
④ 《邓小平文选》第三卷，人民出版社1993年版，第146页。

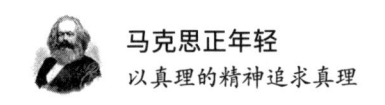

来，中国共产党人把马克思主义基本原理同中国处在社会主义初级阶段的具体实际结合起来，团结带领人民进行建设中国特色社会主义新的伟大实践，使中国大踏步赶上了时代。

坚持推进马克思主义中国化时代化，充分彰显马克思主义的真理力量，中华民族迎来了从富起来到强起来的伟大飞跃。中国特色社会主义进入新时代，我们一如既往地坚持、运用和发展马克思主义的科学理论，坚持守正创新，以更宽广的视野、更长远的眼光来思考和把握国家未来发展面临的一系列重大战略问题，就新时代坚持和发展什么样的中国特色社会主义、怎样坚持和发展中国特色社会主义，建设什么样的社会主义现代化强国、怎样建设社会主义现代化强国，建设什么样的长期执政的马克思主义政党、怎样建设长期执政的马克思主义政党等重大时代课题，提出一系列原创性的治国理政新理念新思想新战略，创立了习近平新时代中国特色社会主义思想，实现了马克思主义中国化时代化新的飞跃。在习近平新时代中国特色社会主义思想的指导下，我们全面贯彻党的基本路线、基本方略，采取一系列战略性举措，推进一系列变革性实践，实现一系列突破性进展，取得一系列标志性成果，经受住了来自政治、经济、意识形态、自然界等方面的风险挑战考验，党和国家事业取得历史性成就、发生历史性变革，推动我国迈上全面建设社会主义现代化国家新征程。

二、不断谱写马克思主义中国化时代化新篇章是当代中国共产党人的庄严历史使命

马克思指出："理论在一个国家实现的程度，总是取决于理论满足这

个国家的需要的程度。"①任何一种理论，只有与一个国家的具体情况、要解决的实际问题结合起来，与这个国家的优秀文化贯通融合，才能在实践中展现思想伟力，指导推动国家和社会各项事业发展进步。100多年来，我们党坚持解放思想和实事求是相统一、培元固本和守正创新相统一，不断开辟马克思主义新境界，用发展着的马克思主义指导我国革命、建设、改革实践，取得了举世瞩目的伟大成就。中国共产党人深刻认识到，只有把马克思主义基本原理同中国具体实际相结合、同中华优秀传统文化相结合，坚持运用辩证唯物主义和历史唯物主义，才能正确回答时代和实践提出的重大问题，才能始终保持马克思主义的蓬勃生机和旺盛活力。

谱写马克思主义中国化时代化新篇章，必须立足于时代问题，同中国具体实际相结合。马克思指出："任何真正的哲学都是自己时代的精神上的精华，因此，必然会出现这样的时代：那时哲学不仅在内部通过自己的内容，而且在外部通过自己的表现，同自己时代的现实世界接触并相互作用。"②面向时代问题是马克思主义的内在理论品格，坚持马克思主义立场观点方法，就要坚持问题意识和问题导向，不断在解决实际问题的过程中推动社会的发展进步。100多年来，我们党之所以能够不断攻坚克难，不断解决前进道路上的各种艰难险阻，就是因为我们坚持理论联系实际，不断把马克思主义基本原理同中国的具体国情、同时代状况、同人民大众的需求紧密结合，不断推进马克思主义中国化时代化，用博大胸怀吸收人类创造的一切优秀文明成果，用马克思主义中国化时代化的科学理论引领伟大实践。每一时代都有每一时代的问题，当代中国正在经历人类历史上最为宏大而独特的实践创新，改革发展稳定任务之重、

---

① 《马克思恩格斯选集》第一卷，人民出版社2012年版，第11页。
② 《马克思恩格斯全集》第一卷，人民出版社1995年版，第220页。

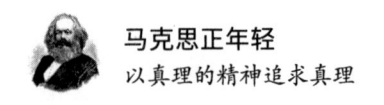

马克思正年轻
以真理的精神追求真理

矛盾风险挑战之多、治国理政考验之大都前所未有，世界百年未有之大变局深刻变化前所未有，面临着许多亟待回答的理论和实践课题。我们要准确把握时代大势，勇于站在人类发展前沿，聆听人民心声，回应现实需要，坚持解放思想、实事求是、与时俱进，更好把坚持马克思主义和发展马克思主义统一起来，坚持用马克思主义之"矢"去射新时代中国之"的"，及时科学回答中国之问、世界之问、人民之问、时代之问，推进马克思主义创新发展，让马克思主义展现出更强大、更有说服力的真理力量，指引党和国家事业再创新的奇迹、取得更大胜利。

谱写马克思主义中国化时代化新篇章，必须扎根于中国文化，同中华优秀传统文化相结合。辉煌灿烂的中华文化蕴藏着中华民族生生不息的精神密码。马克思主义只有同中华优秀传统文化相结合，从中华优秀传统文化中汲取精华，才能以真理力量激活具有几千年历史的中华文明，在中国落地生根、深入人心。中华优秀传统文化中有"大道之行也，天下为公"的大同理想、"民为邦本"的民本思想，"天行健，君子以自强不息"的奋斗观念，扶贫济困的共富观念，知行合一的实践哲学，"易穷则变、变则通、通则久"的朴素辩证法，等等。这些思想观念、价值追求与马克思主义理论具有内在契合性。这种契合性为中国人民接受并信仰马克思主义、促进马克思主义同中华优秀传统文化相结合提供了条件。我们必须深刻把握这种内在契合性，把马克思主义基本原理同中华优秀传统文化相结合，使马克思主义彰显出强大的真理力量和实践伟力。

谱写马克思主义中国化时代化新篇章，必须坚持用科学的世界观和方法论分析问题和解决问题。坚持马克思主义，最重要的是坚持马克思主义基本原理和贯穿其中的立场观点方法。这是马克思主义的精髓和活的灵魂。习近平新时代中国特色社会主义思想是当代中国马克思主义、21世纪马克思主义，是中华文化和中国精神的时代精华，实现了马克思主义中国化新的飞跃。继续推进实践基础上的理论创新，首先要把握好习近平新时代中国特色社会主义思想的世界观和方法论，坚持好、运用好贯穿其中的立场观点方法，必须坚持人民至上，坚持自信自立，坚持守正创新，坚持问题导向，坚持系统观念，坚持胸怀天下，站稳人民立场、把握人民愿望、尊重人民创造、集中人民智慧，坚持对马克思主义的坚定信仰、对中国特色社会主义的坚定信念，坚定道路自信、理论自信、制度自信、文化自信，不断提出真正解决问题的新理念新思路新办法，为前瞻性思考、全局性谋划、整体性推进党和国家各项事业提供科学思想方法。

三、活学活用活的灵魂，继续推进实践基础上的理论创新

实践无止境，理论创新也无止境。马克思主义是随着时代、实践、科学发展而不断发展的开放的理论体系，它并没有结束真理，而是开辟了通向真理的道路。把坚持马克思主义和发展马克思主义统一起来，结合新的实践不断做出新的理论创造，这是马克思主义永葆生机活力的奥妙所在。

继续推进实践基础上的理论创新，必须坚持人民至上。坚持人民至上充分体现了马克思主义的核心价值追求，是习近平新时代中国特色社会主义思想的价值原点。习近平总书记一再强调，要始终坚持全心全意为人民服务的根本宗旨，坚持党的群众路线，始终牢记江山就是人民、人民就是江山，坚持一切为了人民、一切依靠人民，坚持为人民执政、靠人民执政，坚持发展为了人民、发展依靠人民、发展成果由人民共享，坚定不移走全体人民共同富裕道路，永远铭记人民对美好生活的向往就是我们的奋斗目标，依靠人民创造历史伟业。马克思主义是人民的理论，

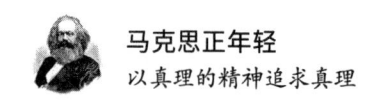

是人民实现自身解放的思想体系，其根本价值追求就是为人类求解放。人民性是马克思主义的本质属性，作为马克思主义执政党，我们的理论和实践都必须扎根人民、为了人民、造福人民。

继续推进实践基础上的理论创新，必须坚持自信自立。习近平总书记在庆祝中国共产党成立 100 周年大会上的讲话中指出："走自己的路，是党的全部理论和实践立足点，更是党百年奋斗得出的历史结论。"[①] 我们要坚持对马克思主义的坚定信仰、对中国特色社会主义的坚定信念，坚定道路自信、理论自信、制度自信、文化自信，以更加积极的历史担当和创造精神为坚持、发展和运用马克思主义作出新的贡献，既不能刻舟求剑、封闭僵化，也不能照抄照搬、食洋不化，而是要在自己选择的道路上昂首阔步走下去，把中国发展进步的命运牢牢掌握在自己手中，才能不断开辟中国特色社会主义新辉煌。

继续推进实践基础上的理论创新，必须坚持守正创新。马克思主义具有鲜明的实践品格，从来都不是僵死的教条和抽象的理论，而是扎根于实践并随着实践不断丰富和发展的具体的、鲜活的、开放的理论体系。我们要以科学的态度对待科学、以真理的精神追求真理，牢牢把握马克思主义一脉相承的"脉"，始终不能够偏离，即"守正"；同时要在把马克思主义基本原理同中国具体实际相结合、同中华优秀传统文化相结合的基础上，扎根于社会实践、立足当今时代、面向现实问题，提出新的思路、新的战略、新的举措，不断推动理论创新和实践创新，并在理论创新和实践创新的良性互动中不断根据新的实践活学活用马克思主义活的灵魂解决新的问题，即"创新"。我们从事的是前无古人的伟大事业，守正才能不迷失方向、不犯颠覆性错误，创新才能把握时代、引领时代。

---

① 《习近平著作选读》第二卷，人民出版社 2023 年版，第 483 页。

继续推进实践基础上的理论创新，必须坚持问题导向。问题是时代的声音，回答并指导解决问题是理论的根本任务。任何一种有价值的思想理论，都要能够有力回答时代问题，经得住时代的考验。理论必须扎根于实际，理论一旦脱离实际，就会变得空洞，不能解决现实问题，也就必然会失去生命力。推进马克思主义创新发展，让马克思主义展现出更强大、更有说服力的真理力量，指引党和国家事业再创新的奇迹、取得更大胜利，必须坚持问题导向和增强问题意识，充分彰显了马克思主义实事求是、不尚空谈和直面问题的实践品格。

继续推进实践基础上的理论创新，必须坚持系统观念。系统是由若干相互联系、相互作用、相互依存的要素按照一定的结构构成的整体。只有用普遍联系的、全面系统的、发展变化的观点观察事物，才能把握事物发展规律。中国特色社会主义事业涉及经济、政治、文化、社会、生态等多个领域，各领域之间相互联系、相互制约，推进伟大事业绝不是某一领域的单打独斗，任何一个领域的发展都有可能牵动其他领域，同时也需要其他领域的密切配合。我们在工作中必须坚持系统观念，善于通过历史看现实、透过现象看本质，把握好全局和局部、当前和长远、宏观和微观、主要矛盾和次要矛盾、特殊和一般的关系，不断提高战略思维、历史思维、辩证思维、系统思维、创新思维、法治思维、底线思维能力，为前瞻性思考、全局性谋划、整体性推进党和国家各项事业提供科学思想方法。

继续推进实践基础上的理论创新，必须坚持胸怀天下。我们要拓展世界眼光，深刻洞察人类发展进步潮流，积极回应各国人民普遍关切，为解决人类面临的共同问题作出贡献，以海纳百川的宽阔胸襟借鉴吸收人类一切优秀文明成果，推动建设更加美好的世界。坚持胸怀天下，充分体现了马克思主义的人类解放的世界历史视野。

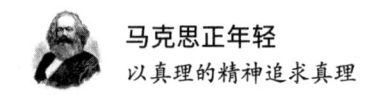

马克思正年轻
以真理的精神追求真理

党的二十大报告进一步指明了党和国家事业的前进方向，是我们党团结带领全国各族人民在新时代新征程坚持和发展中国特色社会主义的政治宣言和行动纲领。我们要不断提高运用中国化时代化的马克思主义分析和解决实际问题的能力，自觉用习近平新时代中国特色社会主义思想的世界观和方法论观察时代、把握时代、引领时代，以更宽广的视野、更长远的眼光来思考把握未来发展面临的一系列重大问题，不断提高全党运用习近平新时代中国特色社会主义思想的立场观点方法分析和解决实际问题的能力，不断提高运用科学理论指导我们应对重大挑战、抵御重大风险、克服重大阻力、解决重大矛盾的能力，坚持不懈用党的创新理论最新成果武装头脑、统一思想，凝聚力量、推动实践，在新的"赶考"之路上继续创造令世界刮目相看的新的奇迹。

第二十三章　创新理论的活灵魂

习近平总书记强调，学习贯彻党的创新理论，要理解把握其世界观和方法论，坚持好、运用好贯穿其中的立场观点方法。这一重要要求，为我们学习贯彻党的二十大精神，在新时代伟大实践中不断开辟马克思主义中国化时代化新境界指明了方向。

一、做到不仅知其然，更要知其所以然

任何一个理论体系的背后，都是以一定的世界观和方法论作为基础的。世界观是人们关于世界的总体的和根本的看法，决定着人生追求与价值取向，指导和支配着理想信念、思想境界、道德操守与行为准则，具有"总开关""总闸门"的作用。世界观和方法论是统一的，以什么样的世界观为指导去认识世界和改造世界，就体现为什么样的方法论。

中国共产党人的初心和使命，就是为中国人民谋幸福，为中华民族谋复兴。为了实现这个初心和使命，我们党领导人民干革命、搞建设、抓改革。而要确保在这个过程中方向不会偏，且能够真正解决中国的现实问题，就必须有正确的世界观、科学的方法论。

马克思主义是在实践中形成、丰富和发展的，是在实践中不断自我更新、自我完善的开放的理论体系，既一脉相承，又与时俱进。其一脉

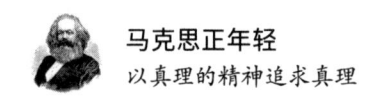

相承的"脉"，是马克思主义唯物辩证法的逻辑和追求人类解放的价值在具体历史实践中的统一，是马克思主义具体历史形态和民族形态"万变不离其宗"之理，也就是马克思主义的基本立场观点方法；与时俱进的"进"，就是针对具体时代课题，坚持马克思主义的基本立场观点方法，创造性地分析和解决具体问题得出的具体结论。这些具体结论虽然具有一定的历史性、民族性、条件性等具体适用性，但是其中的基本价值、内在逻辑和理论品格是一以贯之的。

也就是说，马克思主义的一些具体观点会随着条件的改变而改变，而它的世界观方法论是贯穿整个马克思主义活的灵魂，其基本观点和方法，如唯物的观点与一切从实际出发、实践的观点与实践标准、矛盾观点与矛盾分析方法、系统观点与系统分析方法、生产力观点与生产力标准、群众观点与群众路线等，是任何时候都不能违背的。马克思主义为什么行，归根结底是因为它有科学的世界观和方法论，可以指导我们把握世界大势和中国形势、解决中国问题。这也是中国共产党选择马克思主义最根本的原因。中国共产党100多年的历史表明，充分认识马克思主义的科学价值，认真学习马克思主义的基本原理，做到知其然，是推进理论创新的基础；努力掌握和运用贯穿其中的立场观点方法，知其所以然，则是推进理论创新创造的关键所在。

作为当代中国马克思主义、21世纪马克思主义，习近平新时代中国特色社会主义思想始终坚持和运用辩证唯物主义和历史唯物主义，深刻汲取中华优秀传统文化的思想精华和道德精髓，根据时代发展和实践变化，形成了当代中国共产党人特有的立场观点方法。学懂弄通做实习近平新时代中国特色社会主义思想，既要真学真懂真信真用这一理论体系的基本内容，又要真学真懂真信真用贯穿其中的立场观点方法；既要搞清楚其一脉相承的"脉"，也要搞清楚其与时俱进的"进"。唯有如此，我们才能真正领悟其精髓要义，做到知其言更知其义、知其然更知其所以然，切实在新时代新征程的伟大实践中继续推进党的理论创新，不断开辟马克思主义中国化时代化新境界。

二、"六个必须坚持"具有逻辑整体性

"六个必须坚持"是在新时代伟大斗争实践中形成的，是习近平新时代中国特色社会主义思想的精髓和灵魂，深刻揭示了习近平新时代中国特色社会主义思想根本的政治立场、彻底的理论品格、独有的精神气质和科学的思想方法，它们构成相互联系、内在统一的有机整体，清晰地告诉我们理论创新的价值取向、基本立足点、原则方向、主要着力点、思想方法和应有的胸怀格局分别是什么。

"六个必须坚持"相互联系、内在统一于唯物辩证法。唯物辩证法是我们观察世界、判断形势、认识问题的基本方法，也是习近平新时代中国特色社会主义思想所贯穿的根本方法论。坚持人民至上，就要统筹兼顾局部和全局、当前和长远、重点和非重点等各个方面的利益关系，让发展的成果更加全面、更加公平、更加长久地惠及全体人民。坚持自信自立，就要坚持和运用马克思主义的立场观点方法独立自主地解决自己的问题，把国家和民族发展放在自己力量的基点上，充分体现了马克思主义具体问题具体分析的活的灵魂。坚持守正创新，就要坚持守正和创新辩证统一，既要守马克思主义基本立场观点方法之"正"，又要创中国化时代化马克思主义之"新"，既确保正确方向又不封闭僵化。坚持问题导向，就要承认矛盾的普遍性、客观性，要善于把认识和化解矛盾作为打开工作局面的突破口。坚持系统观念，就要善于通过历史看现实、透过现象看本质，把握好全局和局部、当前和长远、宏观和微观、主要

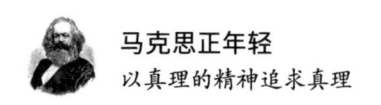

> **马克思正年轻**
> 以真理的精神追求真理

矛盾和次要矛盾、特殊和一般的关系，不断提高战略思维、历史思维、辩证思维、系统思维、创新思维、法治思维、底线思维能力，为前瞻性思考、全局性谋划、整体性推进党和国家各项事业提供科学思想方法。坚持胸怀天下，就要统筹国内国际两个大局，既要为我国改革发展稳定争取良好外部条件，又要维护世界和平稳定、促进共同发展，共同创造人类的美好未来。

"六个必须坚持"相互联系、内在统一于唯物史观。习近平新时代中国特色社会主义思想坚持唯物史观，把中国特色社会主义放到人类社会发展规律中去谋划，着眼于共产主义和人类解放的远大理想，开辟了马克思主义新境界。坚持和运用好唯物史观，就要充分发挥历史主动精神，通过不断总结和借鉴历史经验，增强历史意识和历史自觉，把握历史规律，顺应历史大势，抓住历史机遇，紧紧依靠人民创造历史伟业。坚持人民至上蕴含着人民群众主体论，认为人民是历史的创造者，是决定党和国家前途命运的根本力量，历史活动是群众的事业，就必须坚持一切为了群众，一切依靠群众，从群众中来，到群众中去，把党的正确主张变为群众的自觉行动，把群众路线贯彻到治国理政全部活动之中。坚持自信自立，就必须立足我们所处的历史阶段和文化传统，把马克思主义基本原理和科学社会主义的基本原则转化为具体的、生动的社会主义实践，坚定"四个自信"。坚持守正创新，既遵循人类社会发展的一般规律和科学社会主义基本原则，又把社会主义看成一个不断完善和发展的实践过程，赋予其民族特色和时代特色。坚持问题导向，要求根据社会主要矛盾的变化，着力解决发展不平衡不充分问题和人民群众急难愁盼问题，推动人的全面发展、全体人民共同富裕取得更为明显的实质性进展。坚持系统观念，要坚持用联系的发展的眼光看问题，将广大人民群众的根本利益、全局利益、长远利益作为着力点，以满足人民日益增长的美好生活需要为根本目的，进行战略谋划和系统推进，促进现代化建设各个环节、各个方面相协调，促进生产关系与生产力、上层建筑与经济基础相协调。坚持胸怀天下，即以马克思世界历史理论为方法论基础，把世界历史的理论逻辑和人类社会发展的实践逻辑相结合，顺应世界发展大势，推动构建人类命运共同体。

三、掌握好分析和解决问题的"总钥匙"

实践的观点、生活的观点是马克思主义首要的基本的观点，实践性是马克思主义理论区别于其他理论的显著特征。"知而不行，是为不知。"理论武装归根到底是为了掌握科学方法，有效解决问题。我们坚持以马克思主义为指导，是要运用其科学的世界观和方法论解决中国的问题。用习近平新时代中国特色社会主义思想武装头脑、指导实践、推动工作，落脚点在指导实践、推动工作，学懂弄通做实，落脚点在做实。

坚持人民至上，就要坚持全心全意为人民服务，始终致力于改善民生、增进人民福祉、为人民谋幸福，将实现最广大人民的根本利益作为党一切行动的出发点和落脚点。

坚持自信自立，就要坚定"四个自信"，以更加积极的历史担当和创造精神为坚持、发展和运用马克思主义作出新的贡献，既不能刻舟求剑、封闭僵化，也不能照抄照搬、食洋不化，在中国特色社会主义的伟大实践中不断提高我国社会生产力发展水平和人民生活水平，使我国社会主义制度优越性不断显现和丰富起来，使中国特色社会主义道路越走越宽广。

坚持守正创新，就要以科学的态度对待科学、以真理的精神追求真理，遵循唯物辩证法的基本逻辑，把唯物论、辩证法和价值论统一到人

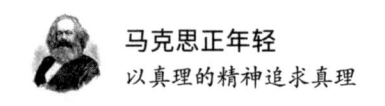

类解放的实践论中，对具体问题具体分析、用发展着的马克思主义创造性地应对和解决不断遇到的新情况和新问题。

坚持问题导向，就要准确把握时代大势，勇于站在人类发展前沿，聆听人民心声，回应现实需要，坚持解放思想、实事求是、与时俱进，更好把坚持马克思主义和发展马克思主义统一起来，坚持用马克思主义之"矢"去射新时代中国之"的"，聚焦实践遇到的新问题、改革发展稳定存在的深层次问题、人民群众急难愁盼问题、国际变局中的重大问题、党的建设面临的突出问题，不断提出真正解决问题的新理念新思路新办法。

坚持系统观念，就要统筹兼顾、综合施策，既以目标为着眼点，又以问题为着力点，系统协调推进社会主义现代化强国建设。加强前瞻性思考、全局性谋划、战略性布局、整体性推进，更好推动党和国家事业发展。

坚持胸怀天下，就要拓展世界眼光，深刻洞察人类发展进步潮流，积极回应各国人民普遍关切，为解决人类面临的共同问题作出贡献，以海纳百川的宽阔胸襟借鉴吸收人类一切优秀文明成果，始终坚持维护世界和平、促进共同发展的外交政策的宗旨，以实际行动致力于推动构建人类命运共同体，建设更加美好的世界。

党员干部一定要不断接受马克思主义哲学智慧的滋养，将这些经过实践检验的立场观点方法，作为想问题、作决策、办事情的重要遵循，以更宽广的视野、更长远的眼光来思考把握未来发展面临的一系列重大问题；作为判断大是大非的重要依据，在方向性、原则性问题上自觉对标对表；作为提高执政水平的重要指引，持续提高政治判断力、政治领悟力、政治执行力，提高运用科学理论指导应对重大挑战、抵御重大风险、克服重大阻力、解决重大矛盾的能力。我们要牢记"空谈误国，实干兴邦"的道理，坚持知行合一，不仅要知其道，更要行其道，真抓实干，做实干家，把习近平新时代中国特色社会主义思想的真理力量转化为推动工作的实践伟力。

马克思主义是随着时代、实践、科学发展而不断发展的开放的理论体系，它并没有结束真理，而是开辟了通向真理的道路。中国特色社会主义还会往前走，还会有很多新的发展，我们要把坚持马克思主义和发展马克思主义统一起来，在实践中不断坚持和发展真理，在科学理论的指导下不断推动造福人民的伟大实践，在理论和实践的互动中不断开辟马克思主义新境界和中国特色社会主义事业新局面。

第二十四章　文化使命的新担负

2023年，习近平总书记对宣传思想文化工作作出重要指示强调，宣传思想文化工作事关党的前途命运，事关国家长治久安，事关民族凝聚力和向心力，是一项极端重要的工作，要"坚定文化自信，秉持开放包容，坚持守正创新"，"为全面建设社会主义现代化国家、全面推进中华民族伟大复兴提供坚强思想保证、强大精神力量、有利文化条件"。[①] 习近平总书记的重要指示，为进一步做好宣传思想文化工作指明了方向，各级宣传文化部门要以习近平文化思想为指导，强化政治担当，勇于改革创新，敢于善于斗争，不断开创新时代宣传思想文化工作新局面，担负起新的文化使命。

一、宣传思想文化工作是一项极端重要的工作

人民有信仰，国家有力量，民族有希望。共同的思想基础是一个党、一个国家、一个民族赖以存在和发展的根本前提。一个党、一个国家、一个民族要生存和发展，离不开共同的思想基础。没有共同的思想基础，

[①] 《习近平对宣传思想文化工作作出重要指示强调 坚定文化自信秉持开放包容坚持守正创新 为全面建设社会主义现代化国家 全面推进中华民族伟大复兴提供坚强思想保证强大精神力量有利文化条件》，《人民日报》2023年10月9日。

党就会瓦解、社会就会动荡、国家就会分裂。建设具有强大凝聚力和引领力的社会主义意识形态，使全体人民在理想信念、价值理念、道德观念上紧紧团结在一起，为全面建设社会主义现代化国家、全面推进中华民族伟大复兴提供坚强思想保证、强大精神力量、有利文化条件，是我们党宣传思想文化工作的本质所在。

宣传思想文化工作是我们党一项极端重要的工作，是教育、组织和动员广大群众为实现自身利益而奋斗的强大武器。我们党之所以能够团结带领全国各族人民，凝聚起推动革命、建设和改革的磅礴之力，创造一个又一个历史奇迹，其中一个重要方面就是不断推动马克思主义中国化时代化，坚持不懈用党的创新理论成果武装全党，巩固马克思主义在意识形态领域的指导地位。在中国共产党成立前，毛泽东就认识到主义的重要性，他指出："主义譬如一面旗子，旗子立起了，大家才有所指望，才知所趋赴。"[1] 我们党历来高度重视思想政治工作，善于运用思想政治工作推动党和国家的事业发展。中国共产党成立100多年来，新中国成立70多年来，改革开放40多年来，特别是党的十八大以来，我们的思想政治工作战线始终贯彻中央要求，与时代同步伐、与人民共命运，走过了不平凡的历程，积累了宝贵经验，在革命、建设和改革各个历史时期发挥了不可替代的重要作用。

世界社会主义运动的深刻教训告诫我们，要始终高度重视宣传思想文化工作，特别是一刻也不能放松和削弱意识形态工作。一个国家，如果没有共同的社会理想，就等于没有灵魂，就会失去凝聚力和生命力。一个政权的瓦解往往是从思想领域开始的，政治动荡、政权更迭可能在一夜之间发生，但思想演化是个长期过程。思想防线攻破了，其他防线就

---

[1] 《毛泽东年谱（1893—1949）》（修订本）上卷，中央文献出版社2013年版，第70页。

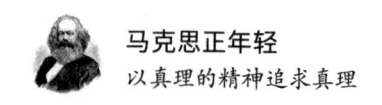

很难守住。苏共倒台的一个重要原因，就是放弃了马克思主义在意识形态领域的指导地位，失去了凝心铸魂的共同理想。只有有了共同理想，全体人民才有共同奋斗的精神动力，也只有通过共同理想才能凝聚全体人民的力量和智慧。面对改革发展稳定复杂局面和社会思想意识多元多样、媒体格局深刻变化，在集中精力进行经济建设的同时，一刻也不能放松和削弱意识形态工作，必须把意识形态工作的领导权、管理权、话语权牢牢掌握在手中，任何时候都不能旁落，否则就要犯无可挽回的历史性错误。

只有善于把党的主张化为广大群众的自觉行动，善于把广大群众的愿望体现到党的方针政策中，才能使党的根基、血脉和力量深深植根于人民之中，才能实现党的目标和任务。这就要求我们深入研究新形势下宣传思想文化工作，深刻把握中国特色社会主义文化建设规律，唯有如此，才能把全党全国人民的思想行动统一到以中国式现代化全面推进中华民族伟大复兴上来。

二、担负新的文化使命，创造中华文化新的辉煌

习近平总书记在文化传承发展座谈会上的重要讲话中指出："要坚定文化自信，坚持走自己的路，立足中华民族伟大历史实践和当代实践，用中国道理总结好中国经验，把中国经验提升为中国理论，实现精神上的独立自主。"[①]我们要更好担负起新的文化使命，就必须坚定文化自信，秉持开放包容，坚持守正创新，激发全民族文化创新创造活力，在新的历史起点上继续推动文化繁荣、建设文化强国、创造中华文化新的辉煌，

---

① 习近平：《在文化传承发展座谈会上的讲话》，《求是》2023年第17期。

不断促进人类文明交流互鉴，为强国建设、民族复兴注入强大精神力量。

我们要更好担负起新的文化使命，就必须坚定文化自信。当今世界，要说哪个政党、哪个国家、哪个民族能够自信的话，那中国共产党、中华人民共和国、中华民族是最有理由自信的。我们要始终坚守中华文化立场，传承中华文化基因，推动中华优秀传统文化创造性转化、创新性发展，造就新的文化生命体，不断为中国式现代化积淀深厚的文化底蕴。

我们要更好担负起新的文化使命，就必须秉持开放包容。人类文明延续至今，每一种文明都有其历史合理性，都有其时代进步性，都有着独特的优势。"不同""多元"是社会发展的必然，更是现代社会文明进步的标志。中国有句古话说得好，"和实生物，同则不继"。一种文明发展终有其局限，只有做到兼容并蓄，开放学习借鉴其他文明的有益成果，才能更好实现自身的发展。

我们要更好担负起新的文化使命，就必须坚持守正创新。在新的历史起点上继续推动文化繁荣、建设文化强国、造就新的文化生命体，我们决不能抛弃马克思主义这个魂脉，决不能抛弃中华优秀传统文化这个根脉。我们要深入挖掘和汲取中华优秀传统文化精华，把马克思主义思想精髓同中华优秀传统文化精华贯通起来、同人民群众日用而不觉的共同价值观念融通起来，在守正创新中构筑中华文化新气象、激扬中华文明新活力，努力创造属于我们这个时代的新文化，为中国式现代化提供更加深厚的文化底蕴和强大的精神力量。

我们只有着力加强党对宣传思想文化工作的领导，着力建设具有强大凝聚力和引领力的社会主义意识形态，着力培育和践行社会主义核心价值观，着力提升新闻舆论传播力、引导力、影响力、公信力，着力赓续中华文脉、推动中华优秀传统文化创造性转化和创新性发展，着力推动文化事业和文化产业繁荣发展，着力加强国际传播能力建设、促进文明

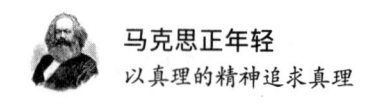

交流互鉴，充分激发全民族文化创新创造活力，不断巩固全党全国各族人民团结奋斗的共同思想基础，才能不断提升国家文化软实力和中华文化影响力，为全面建设社会主义现代化国家、全面推进中华民族伟大复兴提供坚强思想保证、强大精神力量、有利文化条件，切实担负起新的文化使命。

三、学好用好习近平文化思想这一强大思想武器

党的十八大以来，我国宣传思想文化事业之所以取得历史性成就，意识形态领域形势之所以发生全局性、根本性转变，全党全国各族人民文化自信明显增强、精神面貌更加奋发昂扬，最根本就在于有习近平总书记领航掌舵，有习近平新时代中国特色社会主义思想科学指引。习近平总书记在新时代文化建设方面的新思想新观点新论断，内涵十分丰富、论述极为深刻，是新时代党领导文化建设实践经验的理论总结，丰富和发展了马克思主义文化理论，构成了习近平新时代中国特色社会主义思想的文化篇，形成了习近平文化思想。习近平文化思想在我国社会主义文化建设中展现出了强大伟力，为做好新时代新征程宣传思想文化工作、担负起新的文化使命提供了强大思想武器和科学行动指南。

新时代新征程，应对新挑战，抓住新机遇，我们必须坚持不懈用党的创新理论武装全党、教育人民。世界百年未有之大变局加速演进，中华民族伟大复兴进入关键时期，战略机遇和风险挑战并存，宣传思想文化工作面临新形势新任务，必须有新气象新作为。我国改革发展呈现出许多新的阶段性特征，社会思想观念和价值取向复杂多样，主流的与非主流的同时并存，先进的与落后的相互交织，呈现出多元、多样、多变的特点。社会思潮越是纷繁复杂，越需要主旋律，越需要用一元化的指导

思想引领多样化的社会意识，牢牢掌握我国意识形态领域的主导权、主动权、话语权，最大限度凝聚社会思想共识。我们要深刻领悟"两个确立"的决定性意义，增强"四个意识"、坚定"四个自信"、做到"两个维护"，持续加强对习近平文化思想的学习、研究、阐释，并自觉将其贯彻落实到宣传思想文化工作各方面和全过程。坚持以社会主义核心价值观引领文化建设，在多元多样中立主导，在交流交融中谋共识，在变化变动中一以贯之，推动形成既有国家统一意志又有个人心情舒畅，既包容多样又有力抵制各种错误思潮和腐朽思想，既坚守基本的社会思想道德又向着更高目标前进的生动局面。

新时代新征程，应对新挑战，抓住新机遇，各级党委（党组）要把做好宣传思想文化工作作为重大政治责任扛在肩上，确保党中央关于文化建设的决策部署落到实处。紧紧围绕学习贯彻习近平文化思想，围绕贯彻党的二十大关于文化建设的战略部署，切实增强做好新时代新征程宣传思想文化工作的责任感使命感，推动各项工作落地见效。坚持不懈用习近平新时代中国特色社会主义思想凝心铸魂，在真学真懂真信真用、深化内化转化上下功夫。巩固壮大奋进新时代的主流思想舆论，以强信心为重点加强正面宣传，提高舆论引导能力。广泛践行社会主义核心价值观，改进创新精神文明建设工作。促进文化事业和文化产业繁荣发展，推动中华优秀传统文化保护传承。加强和改进对外宣传工作，增强中华文明传播力影响力。坚决有效防范化解意识形态风险，敢于亮剑、敢于斗争。加强党对宣传思想文化工作的全面领导，落实政治责任，勇于改革创新，强化法治保障，建强干部人才队伍，为担负起新的文化使命提供坚强政治保证。要以钉钉子精神把各项任务要求落到实处，不断增强工作能力本领，提高工作质量效能，在建设社会主义文化强国的奋斗实践中展现新气象新作为。

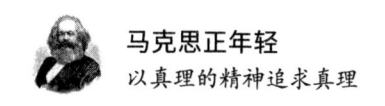

马克思正年轻
以真理的精神追求真理

伟大时代孕育伟大理论,伟大思想引领伟大征程。我们正在进行具有许多新的历史特点的伟大斗争,面临的挑战和困难前所未有,必须坚持巩固壮大主流思想舆论,弘扬主旋律,传播正能量,激发全社会团结奋进的强大力量。这就迫切要求我们坚持以习近平文化思想为指导,进一步加强宣传思想文化工作,讲清楚重大理论是非问题,不断增强中国特色社会主义的道路自信、理论自信、制度自信、文化自信,以社会主义核心价值观引领社会思潮,坚持用中国特色社会主义共同理想激励广大党员、干部和人民群众,最大限度地形成社会思想共识,把14亿多人民群众的思想和行动统一到中央的决策和部署上来,把智慧和力量凝聚到推进中国式现代化、实现中华民族伟大复兴的伟大实践上来。

第二十五章　理论武装的规律性

坚持思想建党、理论强党是我们党的一大优良传统，习近平总书记指出："回顾党的奋斗历程可以发现，中国共产党之所以能够历经艰难困苦而不断发展壮大，很重要的一个原因就是我们党始终重视思想建党、理论强党，使全党始终保持统一的思想、坚定的意志、协调的行动、强大的战斗力。"①理论是行动的先导，只有不断用科学的理论武装头脑，才能避免在实践中走弯路、碰钉子。我们要严格遵循理论武装的内在规律，努力在现实实践中推进理论创新和进步。

一、与时俱进，避免教条主义

一种理论要想保持生命力和创造力，就要随时代的发展而不断修正、完善和丰富自己的内容，否则就会因为封闭而成为僵化的教条。习近平总书记强调："实践没有止境，理论创新也没有止境。世界每时每刻都在发生变化，中国也每时每刻都在发生变化，我们必须在理论上跟上时代，不断认识规律，不断推进理论创新、实践创新、制度创新、文化创新以及其他各方面创新。"②我们加强理论武装，就必须保持理论的与时俱进，

---

① 习近平：《论中国共产党历史》，中央文献出版社2021年版，第209页。
② 《习近平著作选读》第二卷，人民出版社2023年版，第22页。

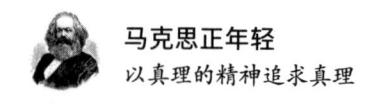

避免教条主义。

与时俱进的理论之所以具有生机活力，教条主义之所以害人不浅，就在于是否服从了辩证法的逻辑。按照辩证法，万事万物都处在不断的生生灭灭的运动变化过程之中，没有什么状态是永恒不变的，没有什么既有形式是终极的存在。任何事物都是有条件的存在，并不存在离开具体条件的抽象存在。"人不能两次踏进同一条河流。"万物皆流，无物常驻。条件永远处于不断地运动变化之中，不存在永恒不变的具体实际。理论要符合实际、永葆真理性，就必须遵循辩证法，随着实践的发展而发展，始终坚持以真理的精神追求真理。

理论作为客观现实的主观反映和话语表达，如果不能随着客观事物的发展变化而变化，作为一成不变的结论就难免因为僵化过时从而和生动具体的不断变化的事实相背离，也就会丧失合理性而转化为谬误。所谓的真理和谬误实际上只有一步之遥，离开了具体的条件性，真理也就走向了自己的反面，从而成为僵死的教条。教条主义者刻舟求剑，怎么可能会带来理论和现实的吻合呢？这就好比一直用一张不变的旧地图，怎么可能总是和不断变化的地形相符合呢？用这样的理论来指导实践又怎么可能取得成功呢？而与时俱进的理论之所以具有生机活力，就是因为这样的理论能够超越静止和片面的局限性，不断分析新的时代的新的条件性，并在这样的生动的鲜活的客观事实基础上不断产生新的认识、得出新的结论。

正如毛泽东在《矛盾论》中所讲的："马克思和恩格斯，同样地列宁和斯大林，他们对于应用辩证法到客观现象的研究的时候，总是指导人们不要带上任何的主观随意性，而必须从客观的实际运动所包含的具体的条件，去看出这些现象中的具体的矛盾、矛盾各方面的具体的地位以及矛盾的具体的相互关系。我们的教条主义者因为没有这种研究态度，所以弄得一无是处。我们必须以教条主义的失败为鉴戒，学会这种研究态度，舍此没有第二种研究法。"①

保持理论的开放性，是理论能够与时俱进的必要条件。在这方面马克思主义就是最好的例子。马克思主义之所以具有真理的力量，一个重要的原因就在于它从来不排斥后继者们对这一理论进行补充和丰富，例如，以列宁为首的俄国布尔什维克党人，在马克思主义的指导下，根据俄国革命所面临的时代问题，形成了富有特色的列宁主义，引领了俄国十月革命的胜利；以毛泽东同志为主要代表的中国共产党人，把马克思主义的基本原理和中国的革命实践相结合，推进马克思主义中国化，创立了毛泽东思想；以邓小平同志、江泽民同志、胡锦涛同志为主要代表的中国共产党人，坚持马克思主义的立场观点方法，科学回答"什么是社会主义、如何建设社会主义""建设一个什么样的党、如何建设党""实现什么样的发展、如何发展"等重大理论和实践问题，形成和发展了中国特色社会主义理论体系；党的十八大以来，以习近平同志为核心的党中央立足于中国特色社会主义进入新时代的历史方位，坚持马克思主义的世界观和方法论，勇担时代重任，立足时代之基，回答时代之问，引领时代之变，回应时代之需，推进马克思主义基本原理同中国具体实际相结合、同中华优秀传统文化相结合，创立了习近平新时代中国特色社会主义思想，实现了马克思主义中国化时代化新的飞跃。正是基于对马克思主义创造性地运用和创新性发展，用不断发展着的理论指导中国的社会主义革命、建设和改革，中国共产党人不断带领人民创造历史伟业。任何一种理论要想实现与时俱进，避免陷入教条主义的误区，就不能排斥理论的创新，不能排斥对理论的补充、丰富和发展。

---

① 《毛泽东选集》第一卷，人民出版社1991年版，第319页。

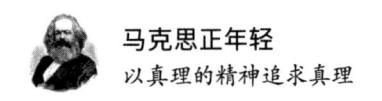

保持理论的开放性，就要注重吸收借鉴其他理论的有益观点和成果。世界上绝不存在一种绝对完美的理论，任何一种理论总会有它尚未遇到的新的问题。要想实现理论的不断发展，就要坚持开门搞研究。其他理论中凡是对发展自己的有益观点、思路、概念，我们都应该吸收和借鉴。理论陷入封闭，必然会走向僵化和教条。同时，我们又不能陷入机械论的泥坑，不能把某一种理论方法视为"唯一正确"而不顾实际情况直接拿来生搬硬套，必须注重甄别、吸收和借鉴，才能为我所用。所以，要想实现理论的与时俱进和开放发展，对其他理论既不能一概排斥，也不能照单全收，要保持科学、清醒的判断力，做到"取其精华，去其糟粕"，既保持理论的主体性，又具有强大的包容性。

二、立足实际，避免空谈主义

"空谈误国，实干兴邦。"理论作为对现实经验和现象的归纳、概括和总结，必须立足于实际才能具有意义。理论要想实现发展和进步，就一刻也不能离开实际，正如马克思、恩格斯所说的："意识在任何时候都只能是被意识到了的存在。"①提高理论武装水平就必须坚持彻底的唯物论立场，牢牢立足于实际，避免理论成为空中楼阁，避免空谈主义。

在马克思主义诞生以前，人类社会就已经产生了对"社会主义"的向往，以圣西门、欧文、傅立叶等人为代表的思想理论家，已经对未来的理想社会提出了很多美好设想。但因为这些思想家的理论没有立足于实际，既没有揭示社会历史的规律，也没有找到实现美好理想的有效途径，因而只能停留于空想而被称为"空想社会主义"。马克思主义之所以是科

---

① 《马克思恩格斯选集》第一卷，人民出版社 2021 年版，第 152 页。

学社会主义，就是因为立足于人类社会，坚持彻底的唯物论立场，主张通过革命性实践致力于改造世界、实现人类解放。马克思、恩格斯指出："我们的出发点是从事实际活动的人，而且从他们的现实生活过程中还可以描绘出这一生活过程在意识形态上的反射和反响的发展。甚至人们头脑中的模糊幻象也是他们的可以通过经验来确认的、与物质前提相联系的物质生活过程的必然升华物。因此，道德、宗教、形而上学和其他意识形态，以及与它们相适应的意识形式便不再保留独立性的外观了。"① 马克思通过创建唯物史观和剩余价值学说，从而揭示了人类社会发展的一般规律和资本主义特有的运行规律，指明了从事实向价值飞跃的途径，使社会主义实现了从空想到科学的飞跃。我们在当今时代提高理论武装水平，就要坚持马克思主义的立场、观点和方法，坚持彻底的唯物论立场，牢牢立足于实际，时刻关注现实的社会实践。

理论要想立足于实际，就要坚持实事求是的原则。实事求是的原则既是中国传统话语的表达，也是马克思主义世界观和方法论的生动体现。邓小平强调："中国搞社会主义走了相当曲折的道路。二十年的历史教训告诉我们一条最重要的原则：搞社会主义一定要遵循马克思主义的辩证唯物主义和历史唯物主义，也就是毛泽东同志概括的实事求是，或者说一切从实际出发。"② 坚持实事求是必须坚持正确的方法论。习近平总书记指出："坚持实事求是，就是坚持一切从实际出发来研究和解决问题，坚持理论联系实际来制定和形成指导实践发展的正确路线方针政策，坚持在实践中检验真理和发展真理。"③ 坚持实事求是，就要坚持一切从实际出发。教条的东西都是抽象的，实际的事物才是具体的。只有从具体的、

---

① 《马克思恩格斯文集》第一卷，人民出版社2009年版，第525页。
② 《邓小平文选》第三卷，人民出版社1993年版，第118页。
③ 《习近平新时代中国特色社会主义思想学习纲要（2023年版）》，学习出版社、人民出版社2023年版，第293页。

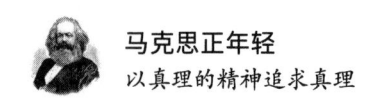

客观的实际出发,才能把生动的鲜活的事实搞清楚。坚持实事求是,就要坚持理论联系实际。理论是从实践中产生的,如果脱离了实际,仅仅成为从概念到概念的演进,就会变成空洞无物的自言自语。这样的理论也就不可能用于有效解决实际的问题。总之,做到实事求是,既要搞清楚"实事",做到了解实际、掌握实情,更要做好"求是",关键在于把握事物发展的规律。我们要提高理论武装水平,就要在实事求是的基础上了解实际、把握规律,并一切从实际出发,把对现实问题的认识上升到理论高度进行概括总结。

理论要想立足于实际,就要坚持问题导向。理论是对现实问题的回答,回答什么样的问题决定了理论具有什么样的内容。脱离实际的理论往往存在答非所问的弊病,所提供的答案不足以回答现实中的实际问题,而成为束之高阁的空谈教条。习近平总书记指出:"问题是创新的起点,也是创新的动力源。只有聆听时代的声音,回应时代的呼唤,认真研究解决重大而紧迫的问题,才能真正把握住历史脉络、找到发展规律,推动理论创新。""理论创新只能从问题开始。从某种意义上说,理论创新的过程就是发现问题、筛选问题、研究问题、解决问题的过程。"① 我们要提高理论武装水平,就必须坚持问题导向,把最实际的问题作为理论的出发点和落脚点。坚持问题导向,首先要善于发现问题。问题总是存在的,有些问题是浮在表面的,有些问题则是隐藏在深层的。现实的世界总会存在尚未发现的问题,而不存在没有问题的状态。推进理论武装必须善于发现问题,重点关注可能出现问题的领域,培养问题意识和批判思维。坚持问题导向,其次要善于分析问题,要注重区分问题的性质和类别,对具体问题进行具体分析,搞清楚问题出现的原因,明确问题可

---

① 习近平:《在哲学社会科学工作座谈会上的讲话》,人民出版社 2016 年版,第 14、20 页。

能导致的后果，对问题的关联性风险做到心中有数。坚持问题导向，还要培养解决问题的能力，要找到问题的突破口，善于总结和运用经验，不断创新尝试新方法，提高解决问题的针对性和有效性。我们提高理论武装水平，就要注重从这几个方面突出问题导向，从而实现理论的新突破，建立新理论。

理论要想立足于实际，还要坚持人民的立场。人民群众是社会历史的主体，历史是群众的事业，人民群众的生产生活状况就是最大的实际。人民群众是历史的创造者，是社会财富的创造者，人民群众的伟大实践中蕴藏着无穷无尽的智慧。古往今来，很多思想理论的直接来源都是人民群众的生产生活现实。一种理论也只有能够贴合人民群众的实际，才能被人民群众所接受和运用。我们推进理论武装，必须坚守以人民为中心的价值立场，紧紧依靠人民、服务人民，在人民群众的生动实践中汲取智慧，积极推动理论的大众化，让各种创新理论"飞入寻常百姓家"，让理论在人民群众的生产生活实践中落地开花。

三、彻底透彻，避免浅尝辄止

理论不彻底，就难以服人。世界上存在着形形色色的思想理论，为什么有的理论历久而弥新，为什么有的理论只能是过眼云烟？原因就在于有的理论是彻底透彻的，能够给人以经验和启发；而有的理论则是浅尝辄止的，看似华丽实则浅薄，没有什么现实价值。我们推进理论武装，就要形成和培养彻底透彻的理论，避免浅薄空洞的理论。

推进理论武装必须有彻底的理论，而要有彻底的理论就必须能够抓住事物的根本。所谓事物的根本，就是事物的内在规定性。问题是矛盾的表现形式。复杂事物内部总是存在着诸多矛盾。这些矛盾的地位和作用

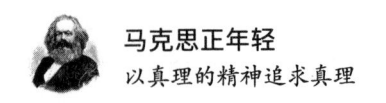

是不同的，其中居于主导地位、起决定作用的矛盾就是主要矛盾，其他矛盾是次要矛盾。主要矛盾的存在和发展，规定着其他矛盾的存在和发展。事物的内在规定性是由事物内部的矛盾运动决定的，其中矛盾的主要方面决定了事物的性质。抓住事物的根本，就必须提高辩证思维能力，善于承认矛盾、分析矛盾、解决矛盾，从而抓住关键、找准重点、洞察事物发展规律。在马克思主义那里，辩证思维能力就是理论思维能力的核心内容。提高理论武装水平，始终离不开辩证思维能力的提升。

培养辩证思维能力，第一，要坚持用联系和发展的观点看待事物，万事万物都是处在普遍联系与永恒发展过程之中的，世界上不存在完全孤立和静止的事物。我们要善于把握事物的运动发展趋势，从当前与长远、整体与部分的辩证关系角度分析把握事物。第二，要坚持两点论与重点论的统一。我们把握好重点与非重点的关系，分清主流和支流，既能抓住主要矛盾和矛盾的主要方面，牵牛牵到牛鼻子，善于抓住重点；又要不忽视次要矛盾和矛盾的次要方面，做到"十个指头弹琴"，更好统筹兼顾。第三，要处理好矛盾的普遍性与特殊性的关系。我们既要善于发现矛盾、承认矛盾，敢于直面问题，又要做到具体问题具体分析，避免"一刀切"的形而上学思维方式。

理论要想做到彻底透彻，还要做好调查研究的功夫。调查研究的目的是掌握实情。调查研究是掌握事物根本的必经环节，没有详细的调查研究，不了解实际情况，就不可能形成关于事物本质的正确认识。做好调查研究，重点是处理好调查与研究两个环节的关系。做好调查就要从客观实际出发，深入实际、深入基层、深入一线、深入问题，我们要努力掌握大量翔实的调查材料。材料越多、越丰富、越具体，就越有利于多方面、全方位认识事物，从而更能接近事物的真相。做好研究就是要在做好调查的基础上，对现有材料进行深度思考，探究事物之间的关联，把握事物发展的规律和趋势，从而选择最佳的决策方案。

理论要想做到彻底透彻，同样离不开坚定的价值内核和严谨的逻辑论证。任何一种成熟的理论，都应当包含"价值"和"逻辑"两个方面。理论的价值，就是理论中恒常不变的内容，回答了这一理论"为什么人"和"有什么用"的问题。理论只有具备了坚定的价值内核，才能保持主体性，从而开放包容，具备长久的生机活力。理论的逻辑，就是理论的论证方法和过程，回答这一理论"如何实现"和"为什么行"的问题。理论只有具备了严谨的逻辑论证，才能保证自己的结论逻辑清晰、论证有力、以理服人。

四、诉诸实践，避免知行分离

实践的观点是马克思主义首要的、基本的观点。马克思正是在实践基础上实现了哲学史上的伟大革命，有效弥合了主观与客观、事实与价值、有限与无限之间的鸿沟。正如马克思所说的："全部社会生活在本质上是实践的。凡是把理论引向神秘主义的神秘东西，都能在人的实践中以及对这种实践的理解中得到合理的解决。"[①] 实践是认识的来源和目的，人的认识是否具有真理性只能到实践中去检验。只有在实践基础上做到知行合一，才能够真正发挥理论武装的真理力量作用。正如习近平总书记所强调的："我们党一贯重视理论工作，强调理论必须同实践相统一。理论一旦脱离了实践，就会成为僵化的教条，失去活力和生命力。实践如果没有正确理论的指导，也容易'盲人骑瞎马，夜半临深池'。"[②]

知与行是统一的，知中有行，行中有知。一方面，实践决定了认识。

---

① 《马克思恩格斯文集》第一卷，人民出版社 2009 年版，第 501 页。
② 习近平：《辩证唯物主义是中国共产党人的世界观和方法论》，《求是》2019 年第 1 期。

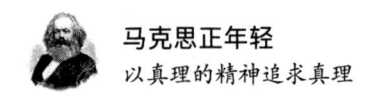

马克思正年轻
以真理的精神追求真理

人的认识不是从天而降的,而是从实践中得来的。我们在实践中首先通过感官获得最初的感性认识,然后借助思维的能动作用将感性认识上升为理性认识,逐步获得对客观事物的真理性把握。另一方面,认识对于实践具有反作用,正确的认识可以促进实践的发展。当我们的理论能够上升到真理,也就具备了对事物发展规律和趋势的把握,就可以用理论来有效指导实践。需要注意的是,知与行不是简单的二元对立的关系,事实上二者是你中有我、我中有你,相互融合、相互促进的关系。实践是一个永无止境的过程。实践活动无时无刻不在发生变化,认识也要随着实践变动发生变化。即行的过程也就是知的过程,二者不能割裂和分离。知和行必须统一,知而不行等于不知。知而不行这样的知,也就是不能付诸实践的知,要么是无用的知,要么是和实际不相一致的知,只能是空谈。行而不知等于盲行。实践的过程也是真理不断显现的过程,离开了真理的指导实践就有可能陷入歧途。正所谓知是基础、是前提,行是重点、是关键,必须做到以知促行、以行促知,真正做到知行合一。正如毛泽东在《实践论》中所说的那样:"通过实践而发现真理,又通过实践而证实真理和发展真理。从感性认识而能动地发展到理性认识,又从理性认识而能动地指导革命实践,改造主观世界和客观世界。实践、认识、再实践、再认识,这种形式,循环往复以至无穷,而实践和认识之每一循环的内容,都比较地进到了高一级的程度。这就是辩证唯物论的全部认识论,这就是辩证唯物论的知行统一观。"[①]

我们推进理论武装,就必须坚持实践第一的观点。一方面,我们要高度重视实践,不断在创新实践中推动社会的发展进步。只有实践发展了,理论才能有发展的源泉和动力。实践活动是永不停歇的,因为人的需求

---

① 《毛泽东选集》第一卷,人民出版社1991年版,第296—297页。

是不断发展的,只有不断的实践活动才能满足人的不断发展的需要。正如列宁所说的:"世界不会满足人,人决心以自己的行动来改变世界。"①另一方面,我们要关注实践过程中出现的新情况新问题,总结新经验新启示,并及时概括、抽象、上升为理论成果,不断用新实践丰富和补充完善理论,实现理论的推陈出新。

实践是检验真理的唯一标准,理论必须能经得起实践的检验。马克思在《关于费尔巴哈的提纲》中深刻地指出:"人应该在实践中证明自己思维的真理性,即自己思维的现实性和力量,自己思维的此岸性。"②理论要想成为真理,就要能够正确反映客观实际及其规律,但理论是否正确反映了客观实际,既不是由理论本身说了算的,而且客观实际也不能主动回答,只能由作为主客体之间桥梁的实践来回答。不仅如此,实践是个过程,真理是在实践这个过程中呈现出来的。有些理论的价值不体现在当下,只有随着实践的推进才能逐步将理论的真理性呈现出来。有些理论反映的是全局的趋势,在局部中还不能充分显现,只有当实践发展到一定程度,其真理内容才能够充分呈现出来,才能够被人们更好把握。因此,我们推进理论武装,必须不断用实践来检验理论的真理性,不断在实践中发现真理、完善真理、实现真理。

习近平总书记强调:"我们要根据时代变化和实践发展,不断深化认识,不断总结经验,不断进行理论创新,坚持理论指导和实践探索辩证统一,实现理论创新和实践创新良性互动。"③理论与实践相统一既是我们党的优良传统,也是我们推进理论武装的制胜法宝。我们必须牢牢把握这一原则,在实践基础上推动理论发展和用科学理论引领实践运动,不

---

① 《列宁全集》第五十五卷,人民出版社2017年版,第183页。
② 《马克思恩格斯选集》第一卷,人民出版社2012年版,第138页。
③ 《习近平关于社会主义精神文明建设论述摘编》,中央文献出版社2022年版,第38页。

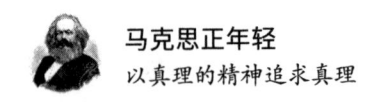

> **马克思正年轻**
> 以真理的精神追求真理

断提高理论武装水平。在新时代,马克思主义中国化的最新理论成果就是习近平新时代中国特色社会主义思想,这一思想是当代中国的马克思主义、21世纪的马克思主义,是指引我们走向中华民族伟大复兴的行动指南。我们必须用习近平新时代中国特色社会主义思想武装头脑,牢牢立足新时代中国特色社会主义的伟大实践,不断坚定中国特色社会主义道路自信、理论自信、制度自信、文化自信,统筹推进"五位一体"总体布局和协调推进"四个全面"战略布局,不断交出新时代发展和完善中国特色社会主义的合格答卷。

跋

以真理的精神传播信仰

习近平总书记2019年3月18日在学校思想政治理论课教师座谈会上的重要讲话中指出:"办好思政课,就是要开展马克思主义理论教育,用新时代中国特色社会主义思想铸魂育人,引导学生增强中国特色社会主义道路自信、理论自信、制度自信、文化自信,厚植爱国主义情怀,把爱国情、强国志、报国行自觉融入坚持和发展中国特色社会主义、建设社会主义现代化强国、实现中华民族伟大复兴的奋斗之中。"[①] 理论教育工作者一定要修炼好内功,坚定信仰,提升本领,不仅要讲政治,而且还要直抵灵魂讲政治,才能担负起培养社会主义建设者和接班人的神圣历史使命。

一、保持理论清醒,确保政治方向,要有"高度"

政治理论如果想要引领时代,首先要给时代提供未来、指引方向,以引领人们走向美好生活,这就需要提供真正的"善"的价值标准,以给

---

① 习近平:《论党的青年工作》,中央文献出版社2022年版,第184页。

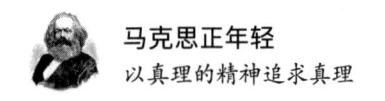

> **马克思正年轻**
> 以真理的精神追求真理

人们的实践活动和技术力量提供"该不该"这么做的判断标准。所以，政治理论必须找到并坚守自己的基本价值。这一基本价值取向，作为一种立场选择，必须旗帜鲜明地坚持。如果你的立场是动摇的，那这样的学术研究是没有意义的，这样的政治理论是没有"骨"和"魂"的。如果你的立场是坚定的，你的对手虽然可以反对你，但是他也会尊重你。毫无疑问，一个能够坚守崇高、向上向善的理论，不仅能够得到大家的价值认同，而且还可以引领时代不断走向光明。

毋庸置疑，在当代中国，我们的中国特色社会主义事业和社会主义现代化的伟大实践，都是以马克思主义为指导来推进的，马克思主义的根本立场就是我们的理论的基本价值。无论采取什么样的表达方式、运用什么样的理论形态来述说我们的理论，这个根本立场和价值追求任何时候都不能动摇。这个立场和价值是什么呢？就是人民立场，为了实现人类解放不断革命。作为马克思主义理论工作者，我们要坚守这样的价值立场，面对社会思想观念和价值取向日趋活跃、主流和非主流同时并存、社会思潮纷纭激荡的新形势，把中国特色社会主义的伟大实践的道义力量和真理力量不断彰显出来，巩固马克思主义在意识形态领域的指导地位，培育和践行社会主义核心价值观，巩固全党全国各族人民团结奋斗的共同思想基础，为实现第二个百年奋斗目标、实现中华民族伟大复兴的中国梦凝心聚力。

习近平总书记指出："思政课要解决学生理想信念问题。要让有信仰的人讲信仰。对马克思主义的信仰，对社会主义和共产主义的信念，只有首先在思政课教师心中扎下根，才能在学生心中开花结果。思政课教师只有自己信仰坚定，对所讲内容高度认同，做学习和实践马克思主义的典范，才能讲得有底气，讲深讲透，才能有效引导学生真学、真懂、真信、真用。要善于从政治上看问题，自觉用新时代中国特色社会主义思想武装头脑，在大是大非面前保持政治清醒。教师是释疑解惑的，自己都疑惑重重，讲出来的东西不会是充分坚定、富有感染力的。"[1]要做到这一点，我们不仅要熟悉党的理论和文献，还要时刻关注党的重大理论创新和实践创新。在课堂讲授、会议发言和撰写文章的时候，我们要时刻关注政治方向，确保和中央精神同步，避免思想落后于时代甚至违背中央精神。

二、夯实学术功底，提供学理支撑，要有"深度"

习近平总书记指出："强调思政课的政治引导功能，并不是要把课讲成简单的政治宣传，而要以透彻的学理分析回应学生，以彻底的思想理论说服学生，用真理的强大力量引导学生。马克思说：'理论只要彻底，就能说服人。'马克思主义理论就是彻底的理论。思政课教师所讲的理论、观点、结论要经得起学生各种'为什么'的追问，这样效果才能好。"[2]没有学术根基作为支撑的理论是肤浅的，是缺乏现实的解释力和说服力的，是不能被听众所接受和认同的。只有以深厚的学术根基作为支撑，我们才能从更高的学术视野和更深的理论层次上分析问题，从更宽广的视域观察现实，才能提出更有说服力和感召力的观点和见解。为此，我们不仅要不断阅读经典，从中汲取智慧，还要时刻关注理论研究前沿，获取学术资源，力求做到所说所写都言之有物、言之有理。

一个理论如果没有严密的逻辑论证，仅仅是独断地给出结论，是苍白无力的，是不能说服人的。一个理论所坚守的价值，能否让别人认同甚至信仰的关键在于是否能够运用严密的逻辑进行论证。我们可以看看马

---

[1] 习近平：《论党的青年工作》，中央文献出版社2022年版，第187—188页。
[2] 习近平：《论党的青年工作》，中央文献出版社2022年版，第191页。

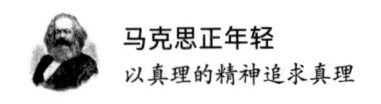

克思的著作，里面没有独断论的东西，其结论都是从严密的逻辑中得出的，其崇高的价值是通过逻辑的力量彰显出来的。无产阶级必须根据社会发展基本规律，通过革命手段实现人类解放的根本价值追求，这一科学结论不正是在辩证法严密逻辑的基础上经过充分论证而得出来的吗？

在这一点上，我们的政治理论研究和教育工作都要向马克思学习，避免独断论的倾向。作为理论教育工作者，我们的理论只有通过建构严密的逻辑体系与遵循严密的逻辑传统，在逻辑和价值的统一中做到言之有物、言之有理，才能让别人真信、真服，这样的政治理论才有穿透力和说服力，才能掌握群众，从而成为强大的物质力量。

三、把握时代脉搏，富于问题意识，要有"温度"

习近平总书记指出："灌输是马克思主义理论教育的基本方法。列宁说：'工人本来也不可能有社会民主主义的意识。这种意识只能从外面灌输进去。'让学生接受马克思主义，离不开必要的灌输，但这不等于搞填鸭式的'硬灌输'。要注重启发式教育，引导学生发现问题、分析问题、思考问题，在不断启发中让学生水到渠成得出结论。这里面，会讲故事、讲好故事十分重要，思政课就要讲好中华民族的故事、中国共产党的故事、中华人民共和国的故事、中国特色社会主义的故事、改革开放的故事，特别是要讲好新时代的故事。讲故事，不仅老师讲，而且要组织学生自己讲。"① 思想理论教育工作者必须有问题意识和问题导向，让思想理论的价值性和马克思主义的真理性、中国特色社会主义的实践性融为一体，让政治理论教育有"温度"。

每个时代都有属于自己的问题。理论研究的目的全部在于应用，在于

---

① 习近平：《论党的青年工作》，中央文献出版社2022年版，第194页。

服务和引领现实的实践，这就需要针对现实中的重大问题进行深入思考，以理论创新引领实践创新。离开了时代，离开了问题，这样的理论就远离了生活，远离了大众，就不会具有感染力和获得认同感。理论要关注时代，理论要有温度。温度从哪里来？这就要求我们热情地批判这个时代，反思这个时代，把握这个时代。

总之，政治理论要关注时代，保持着理论的温度，热情地批判这个时代、反思这个时代，把理论的基本价值、严密逻辑与中国话语同时代问题结合起来，唯有如此，理论将不仅从时代中产生，而且才能真正跟上时代，和时代携手并进，从而真正引领时代。因此，理论要想说服人，就必须坚持用学术讲政治，注重学术积累而奠定学术基础，坚定理想信念而确保政治方向，用最适合的话语将学术上"真的逻辑"与政治上"善的价值"有机地结合起来，唯此才能让受众在美的感受中获得心灵共鸣和价值认同。

《抱朴子·博喻》有言："志合者，不以山海为远；道乖者，不以咫尺为近。故有跋涉而游集，亦或密迩而不接。"人生为学为道，始终不能没有一些志同道合的同志，一起切磋、求学问道、共同成长。理论研究离不开学术共同体，学术生命只有在学术共同体中才能够永葆生机活力。本书是笔者数年来研究的一点心得浅见，其中也凝聚着与我一起求学问道的诸多良师、益友、学生、家人的心血和智慧，尤其是王会方、王宜科、王韵乔、王曼、田辉、刘金香、刘淑琪、谷耀宝、张恺、张晓晨、陈骊骊、赵鹏璞、胡雨晗、徐国旺、翁玮峤、赖明明、刘仁、刘玉武、刘思橘等同志在资料收集、问题研讨、书稿整理等方面付出了很多辛苦的努力，给予了无私奉献，这里一并表示感谢！

以真理的精神追求真理和传播信仰，这正是本书的立论基础和试图追求的目标，也是以"马克思正年轻"来命名本书的最初考量，还是与有

马克思正年轻
　　以真理的精神追求真理

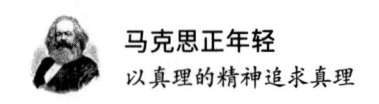

志于马克思主义理论事业的同人们的共勉之道！

　　是以为跋。

董振华

于大有庄 100 号

2024 年 12 月